STOCK MARKET R
MARKET VALUE CALCU
AND
LARGE CYCLE ENERGY ANALYSIS

乔建新 著

股市研究

市值计算与大周期量能分析

企业管理出版社
ENTERPRISE MANAGEMENT PUBLISHING HOUSE

图书在版编目（CIP）数据

股市研究：市值计算与大周期量能分析 / 乔建新著.—北京：企业管理出版社，2022.5

ISBN 978-7-5164-2600-5

Ⅰ.①股… Ⅱ.①乔… Ⅲ.①股票市场—研究 Ⅳ.①F830.91

中国版本图书馆CIP数据核字（2022）第062662号

书　　名：	股市研究：市值计算与大周期量能分析
书　　号：	ISBN 978-7-5164-2600-5
作　　者：	乔建新
责任编辑：	张　羿
出版发行：	企业管理出版社
经　　销：	新华书店
地　　址：	北京市海淀区紫竹院南路17号　　邮　　编：100048
网　　址：	http://www.emph.cn　　电子信箱：26814134@qq.com
电　　话：	编辑部（010）68456991　　发行部（010）68701816
印　　刷：	北京虎彩文化传播有限公司
版　　次：	2022年5月第1版
印　　次：	2022年5月第1次印刷
开　　本：	710mm×1000mm　　1/16
印　　张：	14
字　　数：	190千字
定　　价：	68.00元

版权所有　　翻印必究·印装错误　　负责调换

前　言

　　哲学家说过：科学一方面是理论，另一方面是方法。理论与方法既具有相对性，又具有统一性，人类的思维就是理论与方法的统一。

　　从方法论的角度来看，研究方法、分析方法、数据处理方法、预测方法、决策方法是一个完整的体系，研究问题、分析问题、处理数据是预测的基础，而为决策管理服务是预测的目的。因为，预测是制定战略的基础，没有预测的战略不是真正意义上的战略，没有定量分析的预测也不是预测。

　　将方法论的要领应用于对股市的分析，首先需要考虑的应当是投资理念。世界著名的"股神"巴菲特，其四大核心理念即买股票就是买公司、利用市场、注重安全边际、固守能力圈。

　　其次，炒股也需要有目标、策略、步骤、技巧，包括盘面观察、行情判断、价值分析、投资组合、仓位管理、买卖交易、分时操作、收益分红、选时、选股、止损、跟庄，以及如何选择和使用炒股软件，等等。

　　炒股软件，即交易工具，目前在市场上已有了第五代产品。炒股软件的实质是通过对市场信息数据进行统计，按照一定的分析模型给出数据报表、指标图形和资讯链接。炒股软件的功能除提供大盘走势、行情分析、热点、龙头、风险提示外，还可显示根据行情选股，以及主力建仓、洗盘、拉升、出货的特征，并对标的物的属性进行跟踪和预警。

炒股比较难以掌握的，是如何通过正确地使用各种股市技术分析指标，来判断行情的发展，然后再进行交易。通常的技术分析指标包括趋势指标、波动指标、背离指标、强弱指标、纠错指标、路径指标、差异指标和量能指标等。其中，趋势指标是最重要的一类指标，波动指标反应最快，为先行指标。此外，技术分析指标还可以按时间周期分为分时、短期、中期、长期指标，而任何在短周期内经常使用的随机波动指标，在变为长周期时，也都会具有趋势指标的性质。

技术分析的要领是以模糊数学的思维，做出模糊逻辑的判断。换句话说就是，关注盘面的反技术走势同样非常重要。因为，科学分析方法通常是采用周期递推分析法，而动态趋势又由多级的静态构成。技术分析与政策和消息之间的相关性是，重大的突发事件将改变技术图形的运行趋势，另外，技术分析不能取代包括政策、消息、行业动态、资金流向等的盘面分析与估值分析。如果用一句话来概括就是，对于股指的运行而言，所有非技术性因素的历史数据都已经刻录在了现有的技术图形之中，而技术图形未来的变化，将仍然会是今后可能随机发生的所有非技术性因素和现有技术性因素共同作用的结果。

社会上有一种观点认为，市场存在一种所谓"非技术走势状态"，即指重要的技术指标出现了长期的钝化，或者是长期的窄幅波动。对此，一些分析人士认为，这种情况下，可以转变思路，从基本面、政策面、消息面和环境影响因素等方面来分析和判断行情的变化，从而替代技术分析。对此，本书在"市值计算与大周期量能分析"一节中提出了另外一种量化的方法，可供参考。

表面看大盘和个股的运行有许多规律可循，但是最基本的规律其实只有两个：一是股市的规模会一直随 GDP 的不断增长而扩大；二是股市一般会表现为波动性的增长，而引起波动最基本的原因，就在于投资者受制于 0.382 和 0.618 的黄金分割原理支配的持股心理的影响，换言之，股价涨或跌了约 1/3，绝大多数投资者都会选择卖或买。当然，这一基本规律也会受到其他因素的影响，包括市场的整体估值、大盘的技术形态、标志性权重股的走势、大市值股或行业板块的涨跌、国内的相关政策，以及其他环境因素的变化，等等。

目前已在股市上普遍使用的技术分析方法有很多。一般来说，这些方法各有长短优劣，只要理解得透、运用得好，都能取得不错的收益，而且大部分是由数学家或是具备较好数学知识的人推导出来的，如果组合运用效果会更佳。那么，究竟如何才能掌握好这些方法呢？结论是，必须重视对于方法论的学习和研究。

而论及有关政策、消息、行业动态、资金流向等的盘面分析与估值分析，具体来看，其中问题之一是大盘与个股和行业的相关性问题。有统计数据表明，在极端的行情中，一般大盘见顶时 90%~95% 的个股也是处于顶部的，大盘见底时约 80%~90% 的个股都是见底的；而在日常的行情中，大盘跌时 60%~70% 的个股都会跌，并且 85% 以上个股都会与大盘的走势同向。此外根据市场统计数据或称经验数据，一般套牢盘在达到解套额后，会有约 40% 的投资者选择抛售，而法人股的解禁抛售比例约为 14%，行情好时会更低。

对于行业板块和细分，包括哪些板块属于主流板块、哪些属于非主流板块和所谓冷门板块等，有观点认为，当前的主流板块应包括金融、稀缺资源、消费和旅游等，即一些大市值和热门行业。不过，板块的热度是一个流动的概念，所谓风水轮流转，也是一个规律。而对于行业细分，市场主要所指是有大量资金聚集的最热门的板块。

问题之二是如何选股。国内股市有一些简化的选股方法，包括选择强势股、看分红派息、选择小盘股、注重行业龙头、看企业的估值和成长性、关注企业的抗风险能力、选择特殊品牌股等。其实，综合上述各种选股策略，也可以将其归结为按行业、估值、白马、黑马选股。

在诸多的经济著作中，谈论股市的不算少，而从论及的内容上看，至少有两点没有被人们所重视。一是股指运行的各种时间周期；二是大周期的量能分析。虽然对于股市运行周期的划分，市场上并无统一的标准，并且世界上各国股市运行的规律也不相同，但是就其实质而言，与股指运行周期密切相关的，就是由黄金分割原理支配的投资者的持股心理。如果对市场上比较难以掌握的技术分析做个简单的概括，其实不过以下两点。

第一，量能分析，包括日成交量或短周期的累积日成交量，所谓密集成交区内的量（在几周或几个月内），大周期内的量（跨年度的量），场内的存量资金，场外游动资金的量，其他涉及大盘、行业和个股的量，如换手率、IPO、解禁值、基金发行、北上资金和南下资金等。

第二，通常情况下股指技术形态与时间周期的配合分析，包括：KDJ的5分钟时段是买入或卖出的最佳时机，其持续时间约为30~45分钟；30分钟的KDJ可近似预测约2~6小时的行情；30分钟的MACD可预测约1.5日~1周的行情；日线的MACD可预测约1~2个月的行情；周线指标的KDJ和MACD处于最高或最低点时，是抛出或买入的重要周期。需注意的是，KDJ快于MACD，MACD准确度高于KDJ，并且可操作时间约为3日。如果错过这个时间节点，那么接下来股市的运行周期将会有约1个多月，或长达10个月的时间。

本书依据科学技术方法论的研究方式，从阐述股票市场的系统结构开始，分析了市场的核心要素、产业链与价值链、行业估值与板块、相关市场，以及与市场发展密切相关的宏观经济环境和政策因素等，集中介绍了几种简单可行和容易操作的技术分析方法，其中着重强调了量化分析、时间周期与技术分析的组合应用，并列举了由笔者首推的市值计算与大周期量能分析方法的应用实例。本书类似于一个简略的智库年度报告，主要读者对象是个体股民和关注技术经济领域的人员。书中内容既有个人的看法，也引述了一些他人的论点，仅供参考。同时，也希望能与本话题的关注者做进一步的探讨。

目　　录

第一章　智库研究的方法论 / 001

　　一、多元思维模型的依据——信息论、系统论、控制论 / 003

　　二、科学技术方法的共性含义 / 005

　　三、市场经济的方法论——数理经济学＋市场学＋方法论 / 020

　　四、方法比结论更重要 / 022

第二章　市场的系统结构 / 024

　　一、市场概况与核心要素 / 025

　　二、政策、产业链、价值链、市场 / 029

　　三、行业估值与板块 / 030

　　四、国家宏观经济政策与市场环境 / 035

　　五、相关市场——债市、股指期货、外盘 / 055

　　六、国家经济发展前景展望 / 066

第三章　技术分析方法的演进 / 084

　　一、常用的几种技术分析方法 / 084

　　二、市值计算与大周期量能分析 / 109

　　三、组合技术分析与资金博弈 / 114

　　四、非技术走势状态 / 117

第四章 投资者结构概况 / 119

一、"国家队"主力概况 / 119

二、法人投资者 / 122

三、境内专业投资机构 / 122

四、外资 QFII / 123

五、个体投资者 / 124

六、各类投资基金状况 / 136

第五章 投资者操作行为分析 / 140

一、投资理念与收益期望值 / 140

二、资产配置、投资结构与行业板块 / 149

三、盘面分析与操作策略 / 152

四、选时——周期与节奏 / 156

五、选股——行业、估值、白马、黑马 / 162

六、风险防范 / 177

第六章 资本市场年度分析报告摘要 / 179

一、"中国资本市场现状、未来经济研判"专项调研报告 / 179

二、中金 2022 年 A 股展望 / 182

三、深度解析：资本市场现状和未来趋势 / 184

四、2021 年基金行业发展研究报告 / 187

五、牛熊股前十、市值增幅前十、5 项历史纪录……2021 年 A 股放榜 / 200

后　　记 / 207

参考文献 / 211

第一章　智库研究的方法论

对于股市研究，市场上一贯的分析角度被概括为政策面、消息面、基本面、资金面和技术面，这应该是比较全面的，然而实际中难以做到的是，如何将这些方面综合为一个完整的体系，并对其做出全面系统的分析。在这一点上，钱学森对物理学整体理论的看法十分具有参考意义。他指出：整个自然科学都可以看成是广义的物理学。因为，无论是天文学、化学还是生物学，从对象上来看，都只不过是对客观世界处于不同层次结构的物质的研究。从物理学分类的方式来看，大部分的物理学属于"对象的"物理学，如基本粒子物理学、原子物理学和分子物理学等。此外，同样存在所谓"状态的"物理学和"功能的"物理学，如固体物理学、等离子物理学和高能物理学等。另外，还有所谓"方法的"物理学和"边缘的"物理学，如统计物理学和物理哲学等。

按照哲学的本体论所说，作为人类全部知识的最高抽象，哲学概念的基本要素是物质的质、量、时间、空间和运动，而运动反映出的是处在不同层次、具有不同结构的物质之间存在的作用与联系。这其中，"质"统称为物质与事物，存在于自然、人、社会的客观与主观的世界中；"量"的规定性可由人类全部的数学知识来体现；"运动"为物质与事物的根本属性，是区别不同物质与事物的唯一途径和方式；"时间"是物质与事物存在的维度之一，"空间"是物质与事物存在的另一维度，包括物理上的空间和抽象的空间，体现了整体与局部在结构上的联系；"作用与联系"既是物质与事物运动的原因，又是物质与事物运动的结果，因为运动本身就是物质与事物的根本属性。

近年来，物理学家们提出了客观世界存在所谓十一维时空的理论，可将其表现为：X、Y、Z、t、Xt、Yt、Zt、XYt、XZt、YZt、XYZt=0。其中，X、Y、Z表示三维的刚性空间，t为单向的时间；Xt、Yt、Zt表示单向三维的时空弯曲；XYt、XZt、YZt表示双向三维的时空弯曲；XYZt=0表示全时空的弯曲，其极限值只能是归结于0。这意味着，人类赖以生存的宇宙最终还将回到最初的原点。这种理论涉及了理论物理学、天体物理学，也包括物理哲学，然而，它能带给人们的启示是，研究问题，人类的眼界和思路必须开阔。

既然钱学森将整个自然科学都看成是广义的物理学，并且人类全部的理论知识就是一个完整的统一体，那么是否也存在共性的技术方法呢？

对于市场研究，从静态来看，市场是一个具有立体结构的整体，各要素之间既有横向的排列，也有纵向的层次；从动态来看，任何市场都是一个有机体，普遍存在着各要素之间信息与动能的传递、转换和相互作用。由此，涉及股市的研究，能够引出如下一些问题。

（1）市场的要素有哪些？各要素的运行机制及之间的传导机制是什么？

（2）市场运行与发展的总体状况（包括市场的规模、结构、功能、效率、特点、动力与阻力、投资价值、趋势预测和风险等）如何？

（3）各市场主体包括管理机构、上市公司、交易机构、投资者的总体发展状况如何？

（4）投资者的规模、组成结构、持股结构、行为特征等情况如何？

简单来说就是，能够全面反映市场情况的，只能是一份完整的市场研究报告，而撰写该报告的依据就是方法论。

一、多元思维模型的依据——信息论、系统论、控制论

1967年，美国心理学家乔伊·吉尔福特提出了一个"智力三维结构"的模型。第一维是指智力加工的4种内容，即图形、符号、语义和行为；第二维是指智力的5种操作过程，即认知、记忆、发散思维、聚合思维和评价；第三维是指智力加工的6种产物，即单元、类别、关系、系统、转化和蕴涵。

乔伊·吉尔福特的这个"智力三维结构"，其第一维实际上是从信息论的角度出发的，因为图形、符号、语义都明显地属于对信息的表达；其第二维是从行为理论的角度出发的，是对于第一维中所提到的行为的解释，因为人类的认知、记忆、发散思维、聚合思维和评价明显是指人的思维行为的过程和特征；而其第三维的内容完全又可以用系统论来代替。

这里或许有必要回顾一下西方开拓技术方法论的历程。20世纪40年代至70年代，西方的学术界先后创建了"三论"（信息论、系统论和控制论）和"新三论"（耗散结构理论、协同理论和突变理论），以及70年代以后的所谓"分形、混沌和超循环"等理论，使"三论""新三论"的各种理论，得到了进一步的完善和发展。

将乔伊·吉尔福特的"智力三维结构"与西方的各种技术方法论做一个比较，可以发现两点不同：乔伊·吉尔福特是一个心理学家，而其他技术方法论的创建者则属于数学家、物理学家或生物学家，其中数学家占绝大多数；乔伊·吉尔福特的"智力三维结构"可以用"三论"来覆盖，而他忽略掉了控制论。控制论显然属于一种人机结合的系统，这里有行为因素，也有目标对象。因此，为明了起见，还是有必要对"三论"做个简单的介绍。

1. 信息论

该理论于 1928 年由美国科学家克劳德·香农创立，是一门应用数理统计方法，研究通信和控制系统中普遍存在的信息处理和信息传递规律的科学。信息论是控制论的基础，其基本内容是研究信息的产生、获取、变换、传输、存储、处理、显示、识别和利用。信息的一般概念是指消息、信号、情报、数据、指令等；信息的哲学概念是将其看成物质的一种属性，以及存在于事物之间的相互联系。信息以物质、能量为载体进行传播。物质、能量、信息是构成自然界的三个基本要素。

2. 系统论

该理论于 1945 年由奥地利生物学家路德维希·冯·贝塔朗菲创建。系统论运用逻辑和数学的方法，包括集合论、图论、网络理论、对策论等理论，对系统与子系统的模式、内部结构、外部环境、动态机制相互之间的关系进行整体性、综合性的分析和研究，用于实现工程问题的最优化处理。

3. 控制论

该理论于 1948 年由美国数学家诺伯特·维纳所创立。控制论以生物学、神经生理学、心理学、脑科学、数理逻辑、统计学为基础，通过电子技术、无线电通信、微电子技术和计算机处理技术，形成对一个动态系统的控制，并根据系统内部、外部各种变化着的条件，实现系统的自行调节，以期满足系统预设的目标。控制论谋求确立一种自我适应整体的模式，应用于解决在自组织学习条件下所产生的复杂的逻辑问题。

通过对"三论"内容的简单介绍，有四个方面的问题需要引起注意。

（1）科学具有整体性结构，因此，研究问题必须使用多元思维的方法论。

（2）数学、细化与量化仍然是全部分析与研究的基础和关键。

（3）西方的这些技术方法论固然好，但也同时存在结构、层次和边界上的含混不清的缺陷。如果从文化的角度分析，这与西方人的思维特征强于分析和量化，却弱于逻辑的概括与归纳不无关系。

（4）中国人虽然在逻辑的概括与归纳上具有优势，但是在分析和量化方面处于弱势。如果通过认真地学习西方人在分析和量化方面的优势，并充分地结合本民族在概括与归纳上的优势，我们当然有希望能在西方人所创建的理论基础之上，进行一次现代技术方法论的革命，并将其成果应用于推进经济发展的实践。不过，能胜任这种工作的人，既不可能是单纯的数学家，也不可能是单纯的经济学家，而只能是具有双重学问的"数理经济学家"。

二、科学技术方法的共性含义

从"智力三维结构"和"三论"中可以看出，两者基本具有同一性。其不同在于，前者是从心理学的角度出发的，而后者是从物理学和工程技术的角度出发的。如果将两者综合并做进一步的引申，然后再将其应用扩展到社会学和经济学的领域，那么我们便可能得到一种具有共性含义的科学技术方法。

如此，这里或许有必要再将"三论"的延伸理论，即所谓"新三论"以及"分形、混沌和超循环"理论做一简单介绍。

（1）耗散结构理论。1969年，由比利时布鲁塞尔学派领导人伊利亚·普利高津在第一届理论物理与生物学国际会议上发表。该理论是一种用热力学和统计物理学的方法，研究耗散结构形成的条件、机理和规律的理论，并被称为是一种更先进的系统方法论。耗散结构是指一个远离平衡态的开放系统，在不断地与环境交换物质与能量的过程中，一旦系统的某个参数达到一定的阈值，通过涨落，该系统就可以产生转变，由原来的无序状态，转变为一种在时间、空间或功能上的有序状态。这种具有有序结构的系统，就被称为耗散结构。一个系统由无序向有序转化形成耗散结构，有四个条件：必须是开放系统；必须远离平衡态；系统内部的各个要素之间存在着非线性的相互作用；由系统的涨落导致有序。

在本质上，耗散结构研究的是系统演化的理论，该理论试图对系统由一种结构向另一种结构的演变，做出正确的解释。耗散结构研究的对象是开放系统，通过对开放系统的研究，阐述系统科学的有序原理。耗散结构理论可以应用于分析物质世界的物理化学变化、生物进化过程、社会发展和任何开放系统的有序化过程。

（2）协同理论。1976年，由德国科学家赫尔曼·哈肯所创立。系统从无序状态转为有一定结构的有序状态，首先需要环境提供物质流、能量流和信息流。协同理论认为，当一个非自组织系统具备充分的外界条件时，通过增加系统有序程度的参数——序参量，可以形成一定结构的自组织系统。序参量决定了系统的有序结构和类型。用哲学的语言说就是，外因是变化的条件，内因是变化的根据，外因通过内因而起作用。按协同理论的观点，系统在从无序到有序的过程中，不管原先是平衡相变，还是非平衡相变，都需要遵守相同的基本规律，即协调规律。所谓协同，实际是指物质、能量和信息传递在结构和状态上的统一性与一致性。

（3）突变理论。1972年，由法国数学家勒内·托姆创立。突变理论是通过对事物结构稳定性的研究，来揭示事物质变规律的学问。系统的质变，不仅存在渐变，也存在突变方式。突变理论认为，不是所有的自然、社会、思维状态都可以被控制，而只有那些在控制因素尚未到达临界值之前的状态是可控的。如果控制因素达到某一临界值，则控制将会失效，此时事物的质变将演变为随机状态的突变过程。

（4）分形理论。1967年，由美籍法裔数学家伯努瓦·曼德布罗特创立。分形理论源于"流形"和"纤维丛"之后的所谓分形几何学理论，指Hausdorff-Besicovitch维数为非整数的几何对象，即整体具有多种层次结构，整体与部分之间存在某种自相似性。20世纪70年代，分形理论与分形几何是描述许多复杂结构的有力工具。当代的分形理论已超出了几何学的范围，并被广泛地应用在地理、物理、天文、化学、生物、材料、计算机，以及经济、语言和社会学等领域。从分形的观点看，客观世界就是以分形的方式存在和进行演化的。

（5）混沌理论。或称动态系统理论，1963年，由美国气象学家爱德华·洛伦茨提出。该理论涉及耗散结构、蝴蝶效应、奇异吸引子、回馈机能和非线性等论点。继耗散结构和协同理论对于系统从混沌到有序发展的机制和条件进行研究之后，混沌理论的研究对象转向系统从有序进入新混沌的过程，以及混沌的性质和特点等问题。混沌理论认为，在非平衡过程中，系统从有序进入混沌的路径有三种，即倍周期分叉进入混沌、阵发混沌和Ruelle-Tanken混沌。与"宇宙早期的混沌"和"热力学平衡的混沌"比较，系统从非平衡、非线性过程进入混沌有三个特性，即奇异吸引子、分数维数和无穷嵌套自相似结构。混沌理论和自组织理论超越了牛顿经典力学的局限，为无穷大和无穷小事物的研究，以及由无穷多个要素所构成的复杂系统的研究，提供了有效的手段。

混沌理论是社会科学与自然科学最完美结合的典范，与相对论和量子力学并列，该理论被认为是20世纪物理学的第三次大革命之一。在生物学领域，汤姆·克莱西创立了有关细胞分裂的混沌理论。

（6）超循环理论。1971年，德国柏林大学的物理化学家曼弗雷德·艾根在寻求生物学现象的理化基础时，应用化学动力学理论和量子力学跃进理论，建立了一套数学模型，以解释多分子体系向原始生命的进化，即超循环理论。1977年，曼弗雷德·艾根在其发表的《超循环——自然界的一个自组织原理》一文中对该理论做了系统阐述。超循环理论认为，在生命起源的化学阶段和生物进化阶段之间，存在一个生物大分子超循环式的自组织阶段，这种自组织系统的机制一经建立，便会永久性地存在，并可在形成生命的运动中，在酶的催化作用下产生各级循环，生物体就是在这一过程中形成了统一遗传密码的细胞结构。超循环理论虽然出自生物机体的有关理论，但在经济学和管理学中均有应用。

德国物理学家马克斯·普朗克曾经说过："科学是内在的统一体，它被分解为单独的部门不是由于事物的本质，而是由于人类认识能力的局限性。实际上存在着从物理学到化学，生物学、人类学到社会科学的连续链条。"依据马克斯·普朗克的观点，显然全部的人类文明都有一个完整和统一的体系结构，无论对于科学知识还是科学方法都一样。因为，科学知识一方面是理论，另一方面也是方法。

因此，如果以拓展科学技术方法在经济和社会工程领域内的应用为目的，或许同样可以构造出一些所谓共性的方法。

（1）结构分析，用于描述与分析客体的整体与局部的结构、层次以及外部边界。

（2）动态分析，用于描述与确定客体的整体与局部的状态与动态特征。

（3）系统分析，用于建立系统模型，确定系统的总体特征、控制目标与方案。

（4）机制分析，用于揭示客体内部的关联性与相互作用。

（5）趋势分析，用于把握客体的发展方向、发展阶段、状态演变与质态突变。

（6）环境分析，用于确定外部因素对于客体的作用与影响。

（7）量化分析，用于提高所有分析结论的精确性。

（8）行为分析，用于描述主体的行为特征及其对于客体的作用与影响。

（9）选择并确定数据、信息、观点和结论的表达方式。

另外还涉及理论与方法的层次。理论的最高抽象是哲学，方法的最高抽象是方法论。所谓共性的科学技术方法是全部方法论的基础，由各门类学科自身特定的研究方法共同构成，例如在数学中，应用纯理性的演绎推理方法；在物理学、化学和生物学中，应用理论推导、实验和实证方法，以及其他多种方法，包括直观法、计算机模拟和专家系统等。

世界由自然、人和社会构成，方法则体现的是人类的逻辑思维与行为。因而，从物理哲学的角度来看，所谓共性的科学技术方法，正是由客观世界的物质属性，即质、量、时间、空间（层次与结构）、运动、作用与联系，与人类主观世界的逻辑思维与行为综合的结果。不过，这种综合不是一种简单的罗列和机械的拼凑，而是一种灵活和有机的结合。而如前所述，涉及结构分析、状态分析、机制分析、环境分析、趋势分析、系统分析、量化分析、行为分析，以及选择并确定数据、信息、观点和结论的表达方式的共性技术方法，也正是由此推论出的结果。

应当指出的是，经济和社会问题实际上比自然科学和工程技术问题更具复杂性，有更高的模糊度和不确定性，因而，对其观点与结论的推理与论证也更难把握。在经济学上，尤其是在国家的宏观经济领域，使用计量经济学、概率论和数理统计的理论方法，量化分析问题、推导结论和预测发展已获得比较普遍的应用。而在社会学上，尤其是涉及带有社会工程性质的项目，目前使用量化分析的方法尚不充分。其原因是，社会事物具有质和量的多方面的规定性和不确定性，需要一种对高模糊度系统进行量化分析的手段，因而难度更大，更难把握。

综上所述可以看出，本书提及的科学技术方法论，并不局限于传统意义上在技术经济学中所采用的那些方法，而是指从"三论""新三论"等现代科学方法中抽象出来并带有共性含义的方法。虽然在内容上，科学技术方法论与技术经济学有些相似之处，例如两者都涉及结构分析、机制分析和环境分析等，然而两者不同之处在于，前者是以提高经济研究的总体学术水平为目的，后者则是以解决技术产品的应用为目的。换句话说就是，由于目的不同，结果将自然不会相同。前者是广义的，后者是狭义的。

1. 结构·动态·系统

从哲学的角度来说，物质与事物"质"的规定性具有时间、空间和运动的属性，因此分析物质与事物质态的方法可以分为结构分析、动态分析和系统分析。结构是物质与事物存在的另一基本属性，是物质与事物的空间构成。结构具有层次和多种不同的组合，可以显示整体与局部的关系，蕴涵着一定质态下的动能、规律、秩序与特性。

传统观念认为，物质的基本结构存在于三维的几何空间之内，但是现代科学揭示了现实生活中多维空间，甚至是非整数空间的存在。举一个简单的例子，描述炮弹的飞行需要有七维空间，即在三维的几何空间中，再加入时间、空气的摩擦力、风力的作用和地球引力的作用等维度，而上述从理论物理学引申出来的分形和混沌理论，都阐述了分数维度的存在。或许这个所谓分数维度的概念与维度的权重有关，不过情况究竟是否如此，大概只能由物理学家给出解释了。

运动是物质与事物存在的基本形态和特性，是以时间和空间作为维度的。哲学家们说，世界上的一切都在变化之中，唯一不变的就是运动，因为运动是世界上唯一既是原因又是结果的东西。动态分析的其他语义是机制分析、机理分析和动能分析，强调的是物质与事物之间的相互作用与联系。

至于与系统分析相关的许多内容，实际上在前文引述的"三论""新三论"以及"分形、混沌和超循环"等科学技术方法论中有所介绍。如果将这些技术方法论的理论再做进一步的归纳和简化，便可以构造出所谓共性的系统分析方法。

从现代系统动力学的观点来看，世界上的任何事物都是由动态发展变化着的系统构成，每一系统的内部和外部又可按横向和纵向扩展为不同的子系统。如果将人类的全部科学知识看成一个完整的大系统，并用模型来描述科学知识的整体结构及其相关性，或许金刚石的碳原子空间结构可以作为一个可供参考的例子，如图1-1所示。

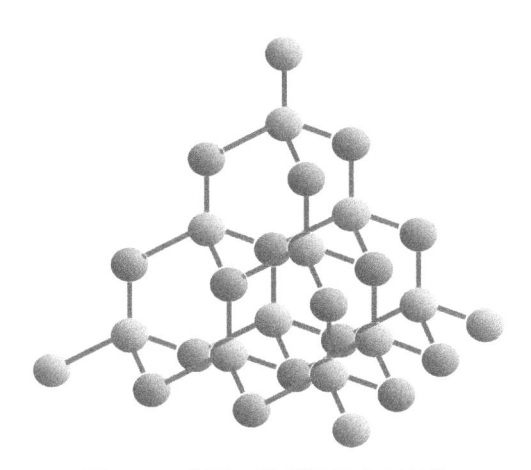

图 1-1 金刚石的碳原子空间结构

学习过化学的人都知道，在化学元素周期表中，碳原子（C）的原子序数为 6，有 2 个电子层。其中第一电子层（内层）由 2 个电子构成，第二电子层由 4 个电子构成。由于每个碳原子外层的 4 个自由电子与周边的 4 个碳原子的外层自由电子构成了共价键，所以才使金刚石具有非常稳定的立方晶体结构。

在这个空间网络结构中，人类科学知识所涉及的任何范畴，都可以被看成这个等距立体空间点阵中的一个节点，并且每 1 个节点都与其他 4 个相邻的节点保持等距离，形成一个空间正立体三角形。这些节点既不可能独立存在，也不可能失去与其他节点直接或者间接的联系。人类的全部科学知识就是由这些相互关联的、无限多的节点所构成。而这些节点群被划分为不同的层次或子系统，完全是根据需要由人为设定的。

当然，用金刚石的碳原子结构来比喻客观物质世界的系统结构，只是为了说明问题而采用的一种方式。实际上，在客观世界中，各种物质之间的相互作用与联系是极其复杂和多变的，而绝不可能是机械式的和静态的。例如，人脑的生物电化学结构就要比碳原子的结构复杂得多。

资料显示，人的大脑约有 860 亿个神经元，每个神经元通过其上面的突触与其他神经元相连接。人在出生时大脑皮层每个神经元上大约有 2500

个突触，2~3岁时突触数量会增加到15000个。此后，随着年龄的增长，成人大脑上的每个神经元将会通过突触修剪的过程，保留经常被激活突触的连接，而删除那些未被激活的突触。因此，2~3岁时突触的数量是成人的约2倍。这说明了两点：第一，人的大脑智力开发仍具有巨大的潜力；第二，人的智力水平是越用越高的。由此可见，人的大脑结构的确要比碳原子的结构复杂很多。

2. 机制·趋势·环境

从语义上来理解，机制是指为实现某一特定功能，一定的系统结构中各要素的内在工作方式以及诸要素在一定环境条件下相互联系、相互作用的运行规则和原理。机理是指事物发生变化的内在原因。机理与动态的含义相似，二者的区别在于，动态着重于事物运动状态的描述，机理在于揭示由于事物的运动和相互作用所产生出的质的变化。

趋势分析是从时间的维度，考察物质与事物在质与量上发展变化的连续性、传递性和因果关系，是更为广义的历史概念。应用趋势分析同应用其他一切技术方法一样，绝不是孤立和单一的，因为所有的技术方法论的内涵所构成的只能是一个完整的统一体，所以趋势分析也不可能脱离结构分析、动态分析、系统分析和量化分析。趋势分析一方面要体现的是物质与事物在某一种结构下的状态，另一方面要体现的是物质与事物的原有结构，在经过了动态的演变之后，产生新的质态结构的过程。换言之，趋势性分析也是动态分析与发展分析，可应用于物质与事物的发展预测。

物理学上的环境概念，是指客观世界具有不同质态的物质体系之间的联系。在经济领域是指社会生态环境，而在商业领域，环境是指对企业所处的竞争环境和市场环境经过分析后，从而为企业做出的战略决策和市场营销策略等。对于股票市场而言，环境分析指能够对股指运行产生影响的各种外在因素，如极端的气候变化、周边的股市行情、突发的国际政治军事事件等。

3. 行为与表达

从技术方法论的角度来看，人的社会行为有多种含义。其一，是指在研究过程中，研究者自身的思维、推理、论证和表达的行为方式，既要符合逻辑规律，又要有科学性；其二，是指对于市场主体包括政府、供应商和消费者的深入和细致的行为分析；其三，是指从系统论、信息论和控制论出发，对于由经济或社会工程所构成的人机系统的目标管理。

除去语言文字以外，如果从信息论的角度来看待学术研究的表达法，常用的方式有系列表格、平面曲线图形、数学公式与表达式等，而诸如时序图、逻辑框图、路径与流量图或模型图等，则大多只在计算机设计和工程技术中使用，并没有在社会学和经济学的范围内得到广泛的使用。其实，学术方法上的这种不足，不仅是一种表达法上的缺失，同时也是一种思考方法和研究方法上的缺失。比如，在上文提及的共性技术方法中，用于揭示目标系统内部的关联性与相互作用的机制分析，以及用于建立系统模型，确定总体和局部的控制目标与方案的系统分析，均可能需要使用时序图、逻辑框图、路径与流量图或模型图等。

如果将要做的事情用于经济或社会工程项目中的学术研究，可想而知，其信息量、工作量以及复杂程度必然会增加很多，例如对于有关股票市场、房地产市场、综合国力和美元等问题的研究都是如此。因此，在这种情况下，学术研究必须从单纯地依靠传统的市场学或是技术经济学的方法，提高到科学技术方法论的层次上来。用一句简单的话来总结就是，"方法决定结论，细节决定成败"。

逻辑思维是人类行为的最高形式。涉及人类思维的逻辑方式，在概念和理论的体系中，横向的扩展是系统的维度，纵向的扩展是系统抽象的级。有一种看法，把人类思维方式的进程分为五类：直觉的模糊思维、定性的归纳推理、精确的定量分析、全面的系统动态分析、多维度和多层级的辩证推理。按唯物辩证法的观点，这是一个螺旋式上升的过程。表面上看，多维度和多层级的辩证推理与直觉的模糊推理十分相像，但实质上已有了质的飞跃。如果按以上所说，将人类思维方式的五个进程看成一把尺子，去衡量一下我们的经济研究，就会发现，我们的经济学术水平仍然还是处于低级阶段的。

涉及逻辑与数学的关系，有人说科学是用数学语言写成的，但实际上并不全面，这仅是为了强调数学的重要性，而严格意义上的科学语言是以逻辑为基础的。语言逻辑是人类所有语言所必须共同遵循的基本规范。是数学建立在逻辑的基础之上，而不是逻辑建立在数学之上。

另外，需要进一步说明的是关于人的逻辑思维与行为。传统的行为科学以动物行为为研究对象，包括动物生理、动物心理和动物的社会行为活动。而对行为科学的一种狭义的解释，又被限定在了管理科学的范畴之内，成为应用学科。然而，因为人类的社会行为是复杂的和有层次的，并且不能仅被局限于管理的范畴之内，所以人类社会行为学应当是建立在对个体的人、群体的人和社会的人的全面研究基础之上的。

生理行为是人类最基本的行为方式，包括了生殖繁衍、生长发育、新陈代谢、运动、休息和安全等需要。在生理行为的驱使和诱发下，人的行为沿两个方向发展：一个是从生理行为、心理行为到精神行为，即奥地利精神分析学家西格蒙德·弗洛伊德所涉足的范畴；另一个是从个体的生理行为、物质生活到群体的社会生活，即美国社会心理学家亚伯拉罕·马斯洛所关注的范畴。这里，物质生活包括为满足衣、食、住、行等生活需要所进行的物质生产和经济活动，社会生活包括工作、娱乐、交际，以及人类从事的经济、文化、艺术、宗教、科学、教育、外交、政治、军事等社会活动。这其中，物质生活和经济活动是人类所有社会行为的基础。

人类社会进入20世纪以来，哲学界认为，除了运动是物质的一个基本属性以外，信息是物质的另一属性，是存在于事物之间的一种相互作用与联系。而当代科学家的看法是，信息通过一定的载体，如运动、能量等进行传递，是物质与物质、物质与精神之间的相互联系。信息是一种区别于材料和能量的独立的、极为重要的研究对象。人类现代文明的三大支柱由材料、能源和信息技术构成。因为，从某种意义上来说，物质、能量、信息都是人类生存和社会发展所不可缺少的资源，其中物质和能量是基本资源，信息则是一种高级资源。物质资源能够供给各种材料，能量资源能够提供各种动力，而信息资源则能够提供给人类知识，并且信息也是可以度量的。

人类的认识与行为，离不开对于信息的获取、变换、加工、处理和利用。在信息处理的过程中，人类通过对信息的记录、传递再现物质世界的方式与方法就是表达法。表达通过信息处理去完成，信息是表达的"语言"。客观世界信息的来源虽不同，但最终能通过对信息本质的揭示，寻求一种可被普遍接受的信息传递方式。人的语言从根本上说就是一种信号系统，而表达法正是包含了对信息的处理、转换，以及对信息的"构造"两个方面的内容。从综合的角度来看，信息论不但具有系统分析的价值，而且也具有表达的行为价值。信息论实际就是科学的语言和科学表达的基础。

哲学家说：科学一方面是理论，另一方面是方法。理论与方法既具有相对性，又具有统一性，人类的思维就是理论与方法的统一。通过上述分析可以看出，像撰写高水平市场调研报告之类的难度是很大的，需要考虑的问题也是多方面的。这其中明显的现象是，许多报告要么只有文字没有图形，要么只有两维的直角坐标图形或者表格，而没有能描述事物之间复杂逻辑关系的系统模型。八卦学说出自《周易》。《周易·系辞上》中说："书不尽言，言不尽意。……设卦以尽情伪，系辞焉以尽其言，变而通之以尽利，鼓之舞之以尽神。"由此可见，八卦采用形式化方法的目的就是来更好地表达。

国内著名易学专家郭彧在其《八卦与方明》的文章中给出了以下的图形和图表（见图 1-2、表 1-1）。对于这个用透视的正六方体所表示的"方明"，即一件古代用于祭祀"神灵"的礼器，作者的研究结论是，如果适当地选定一个光源的入射角度，正六方体六个面的受光会出现三阳、三阴的状态。在此状态下，各自由三个面所构成的正六方体的八个角的受光就完全可以用一个完整的八卦表示。并且，在正六方体的八个角中，如果由每两个角组合成一个重卦，再加上八个角的自组，这样便能使八个单卦演变成六十四个重卦。这可以说明，事物之间不仅是在二维空间的范围内具有可以用列表表述的相关性，而且在三维甚至多维空间的范围内也具有相关性。

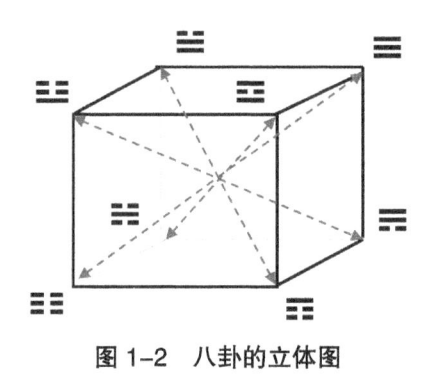

图1-2 八卦的立体图

表1-1 八卦的二进制对照表

八卦	乾	兑	离	震	巽	坎	艮	坤
二进制数值	111	110	101	100	11	10	1	0
卦序	1	2	3	4	5	6	7	8

由此看来，对于表达方法重要性的认识，古代的中国人已经做到了，然而当代的中国人却未必都能做到。具体来说，如果在报告中能多使用一些框图来表明市场各相关事项之间的逻辑关系，或者是市场运行的传导机制，那么市场研究的工作就完全可以变得更为直观、清晰、简单和明了。

从上面的图形中还可以看出，用一个扁平结构的文章描述清楚一个多层极的市场，并不是一件容易的事。因为从物理学的角度来看，这个世界本来就是一个动态的、相互关联的、具有多层极的立体结构，并且在这个立体结构中，各个节点间的能量交换、相互作用和信息传递时时刻刻都在进行。所以，为了认识这个世界，研究与表达的方法也必须依据相同的原则，这就是所谓研究与表达的方法论。

如图1-3所示，就是运用了研究与表达的方法论，利用图形结构把股市与宏观经济的相关性清晰地表达了出来。

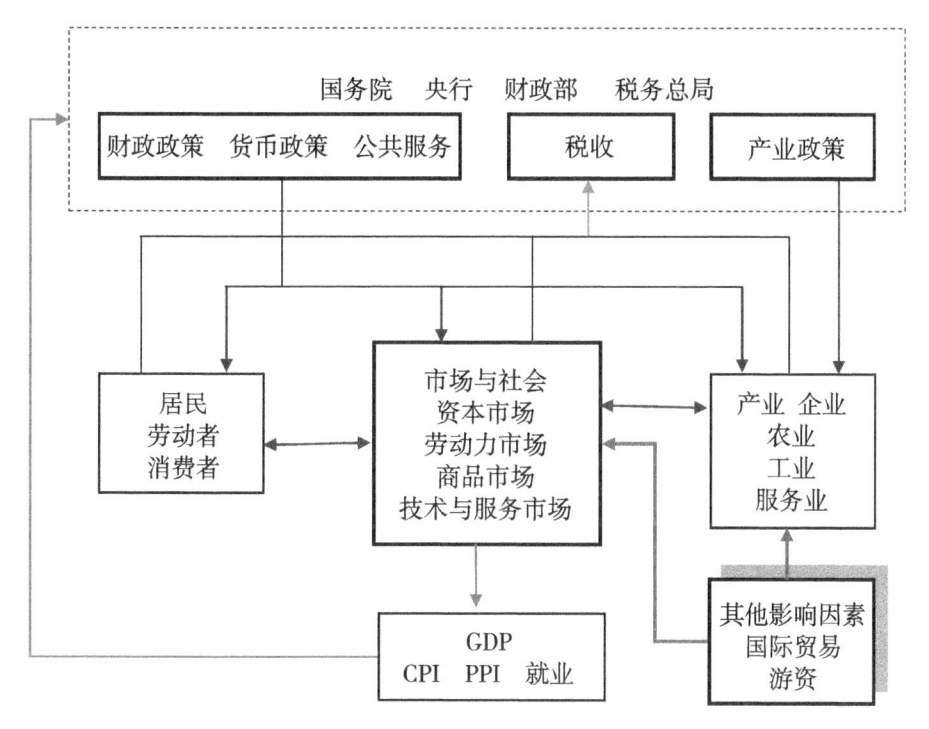

图1-3　股市与宏观经济的相关性示意图

4. 有关定量分析

西蒙·萨缪尔森在其第12版《经济学》的绪论中，将经济学称为"社会科学之王"。在论及经济学和其他学科的关系时，他写道："政治学、心理学和人类学都是和经济学有一定共同内容的社会科学。……在许多其他与经济学有关的学科中，统计学是特别重要的。……在经济学领域中，概率论和数理统计也有许多极其重要的用途。然而，掌握经济学的基本原理仅仅需要逻辑推理。"

在上面的评论中，西蒙·萨缪尔森清楚地描述了经济学的外部边界和内部核心。依照他的观点，统计学和数学在经济学中的作用非常重要，而逻辑推理是一切学科的基础。那么，什么是数学呢？经济数学包含了哪些内容，又能解决哪些问题呢？

数学以物质的空间形式和数量关系为研究对象，是一种以极度抽象的形式出现的学科。数学研究舍去了事物的具体形态，表现出的是事物纯粹量的概念，却反映了事物的多样性在量的方面的联系和统一性。数量关系和空间形式存在于各种物质的运动形态中，只有通过对物质的数量关系和空间形式的描述，才可能把握物质的运动性质、变化和规定性。

我国著名数学家华罗庚对于数学概括得十分精辟。他说：数学研究的是"量的关系、量的变化、量的关系的变化、量的变化的关系……变化的变化、关系的关系、共性的共性，循环往复，逐步提高，以至无穷"。

说到数学的重要性，哲学家和科学家可引用的名言已经有很多了，因此，再听一听经济学家的观点可能更有必要。现任北京大学中国经济研究中心主任、世界银行首席经济学家林毅夫教授说："数学确实可以把用语言逻辑不容易说严谨的问题说得很严谨，……我认为数学是加入经济学家俱乐部的门票，……数学是一种人力资本，目前国内经济学家基本上不掌握数学，包括我自己。""领导世界经济学思潮的经济学家，绝大多数出现在世界经济中心工作的当地或是外国学者。……所以世界经济学的研究中心将会随着中国经济在全世界经济中地位的提高而逐渐转移到中国来，我们将会迎来世界的经济学大师辈出于中国的时代的到来。"

有关经济数学所包含的内容及能解决的问题，可以从其使用的定量分析数学工具和方式上来描述。在经济领域内，定量分析可以分为以下几个层次。

（1）使用线型与非线型的二次函数，描述两个经济数据之间的相关性，如在供给函数中反映供给与价格的正相关关系，在消费函数中反映消费与价格的负相关关系，以及在宏观经济中反映通货膨胀与失业率之间的负相关关系的各类二次函数等。

（2）使用指数函数和对数函数，反映可用增长曲线描述的人口繁衍和复利现象。

（3）应用微积分理论，计算成本函数中的边际成本。

（4）应用线性代数理论，在企业的经营管理中测算由生产数量与成本之间的关系所导致的盈亏平衡点。

（5）应用离散数学中的概率论与数理统计理论，测算产品的质量合格率与废品率，求导由随机变量所构成的一元或多元的线性回归方程，用于解决如保险理赔、电话呼叫服务的发生频率和产品使用寿命等问题。

（6）为解决人口、交通、环境、生态和宏观经济调控等问题，建立几何模型、矩阵模型、微分方程模型、联立方程计量经济学模型、图论模型、规划模型和马氏链模型等各类数学模型，以及使用白箱理论、灰箱理论和黑箱理论，解决带有模糊数学性质的经济问题。

当然，这里需要区分的是，定量分析不等于简单地引用单项的统计数值或数据，如 CPI、PPI、PMI、GDP 的数据等。

做定量分析的目的在于预测，而做预测的目的在于制定战略。具有普遍性的预测方法一般可分为以下四类。

一是定性预测法，即以人的逻辑判断为主的主观经验推测法，包括德尔菲法、类比分析法、加权平均法、集合意见法、形态分析法等，以强调状态为主。

二是因果关系预测法，即通过机理、机制或相关性进行分析预测。实际上，这是另一种以强调动态过程为主的逻辑分析方法。

三是时间序列分析预测方法，包括移动平均分析、趋势分析、周期分析等，属于单维度数值化的动态过程分析。

四是定量预测法，即纯数学化的预测方法，包括数理统计、回归分析、非线性趋势分析、模型化方法等。

以上这四类预测方法并非是互不相干的，比如，在时间序列预测方法中，也都会采用定量的数学分析方法，并且，这里所提及的一些技术分析方法和预测方法，应用中也并非绝对没有误差，引述的目的仅在于强调治学态度、治学理念和学术研究方法的重要性。

从方法论的角度来看，研究方法、分析方法、数据处理方法、预测方法、决策方法是一个完整的体系，研究问题、分析问题、处理数据是预测的基础，而为决策管理服务是预测的目的。因为，预测是制定战略的基础，没有预测的战略不是真正意义上的战略，没有定量分析的预测也不是预测。

中国的文化传统是基于几千年农业文明的，在这种文化传统的熏陶下，一般中国人的思维方式表现出来的特性是定性、归纳、辩证，而缺乏做细化分析、定量分析和演绎推理的习惯。换句话说就是，与西方人理性主义的思维方式比较，中国人的思维方式是属于经验主义的，缺乏了一种物理学的观念，即不善于从分析事物的产生、结构、机理、发展的动力、阻力、内因、外因、相关因素、影响因素、整体变化和局部变化等多视角、多维度和多层面出发，全面、系统和动态地分析问题。因此，要超越西方，首先需要做到的是横跨中西方的两种文化和文明。

三、市场经济的方法论——数理经济学 + 市场学 + 方法论

前面已在多处提到了有关方法和方法论。在经济学的领域内，简单来说，经济学方法论就是科学方法论在经济学领域的应用。从经济学的发展历程来看，传统经济学的论证方法经历了前实证主义阶段、实证主义阶段、证伪主义阶段、历史主义阶段等 4 个阶段。另外，涉及理论的创建过程和

模式，伊姆雷·拉卡托斯的科学研究纲领方法论和托马斯·库恩的范式理论在经济学研究中也都受到过关注。不过，如果与前面提到过的以物理哲学为基点而衍生出来的科学方法论和技术方法论做比较，那么，无论是伊姆雷·拉卡托斯的理论，还是托马斯·库恩的范式理论显然已经不算全面了。

范式理论是托马斯·库恩在《科学革命的结构》中提到的科学发展的动态模式，即科学发展一般都要经过前科学时期、常态科学时期、反常与危机时期、科学革命时期、新的常态科学时期等几个主要阶段。而所谓范式，就是指人们在某一专业和学科中所具有的共同信念、共同的基本理论、基本观点和基本方式，并为人们的学术研究提供了共同的理论模型和解决问题的框架。

人类社会中的各种关系和冲突，从纵向的层面来看，存在于构成全部人类社会的人与人的个体之间、群体之间、民族之间、国家之间，以至于国家集团之间；从横向的领域来看，存在于构成全部人类社会生活的经济、文化、意识形态、外交、军事和政治的各个方面。目前，对于民族、国家以至国家集团之间关系的研究属于政治经济、国际政治经济或国际关系的理论范畴，然而，如果按照现代系统动力学的观点，从纵向与横向的综合角度来看，是否存在更基本、更具普遍意义和更为系统化的理论解释呢？并且，又有哪些理论有可能构成这样的一个综合的视角呢？

以上的现象说明，人类社会发展到当代，传统的二元科学已经越来越不能完全适应时代的需求，因而，从更为广泛、全面和系统的多元角度，甚至是从跨越自然科学、思维科学、社会科学的角度出发，来研究人类社会的发展，将会更具有科学性。

除上所述之外，对于人类所取得的所有科学知识进行分类，实际还存在另外一种方式，即将讲理论和观点的归为一类，而将专门讲方法的归为另一类。当然，这样的分类方式从表面上看显得过于机械，因为理论和方法本来就是紧密相连的。不过，问题的利弊总是相辅相成的，将方法列为研究对象的主要目的，就是在于强调方法的重要性。

方法学，又称方法论，在希腊语中的定义是研究一门学问所采用的方法、规则与公理，包括某种特定的做法，以及在某种知识的领域内为探索知识所进行的分析。对于方法学的另外一种解释是：为探索某一门学问或知识，对所用所有方法的整合、比较与批判。例如，在软件与工程项目管理中，方法学通常指一系列编撰好的建议方法，其中包括训练材料、演示程序、工作表和图像工具等。

在经济类著作的分类中，以方法为主的书籍主要集中于经济数学和股市的技术分析方面，而在一般情况下，以经济理论为主的书籍，涉及方法方面的内容并不多。两者为什么不能结合呢？因为，前者是由数学工作者写的，后者大部分是由经济学家写的。这种现象说明，我国缺少真正跨学科的人才和所谓通才，而这也正是造成我国社会科学总体学术水平不高的原因之一。

由此，可以得出的结论是：除经济理论以外，高水平的经济学家还必须掌握市场学方面的知识，并且对于技术方法论也应当有深入的研究。否则，对于我国的经济学家而言，赶超西方的经济理论家，获取诺贝尔经济学奖将成为一句空话！

四、方法比结论更重要

马克思主义哲学包括了辩证唯物主义和历史唯物主义，是世界观和方法论的统一。世界观是人们对整个世界，即对自然界、社会和人的思维的根本看法；方法论是人们认识世界、改造世界的方法的理论，包括哲学方法、科学研究与数学方法、工程技术方法三个层次。

2005年初，国防工业出版社出版了一本《工程技术基本规律与方法》

的图书，作者是黄志坚。该书将工程技术项目的实施作为一个应用系统进行分析，涉及工程的设计、试验、工艺、维护、管理的整个过程和环节。同时，书中也阐述了科学技术方法论中信息论、系统论、控制论在工程技术项目中的应用。虽然此书是目的在于帮助我国工程技术人员提高综合业务素质，然而从其所具有的社会价值来看，也可以扩展到其他领域或行业。因为，从现代科学知识的整体结构看，同样也可以将社会和经济学科中的应用视为一种社会工程或经济工程。

论及方法的重要性，2010年10月，天津科学技术出版社出版过一本《方法比结果更重要》，作者是王铁梅。书的内容不仅有清华北大高考状元们的学习策略，而且更多地介绍了一些学习和掌握知识的方法，并按学科分类，分别就数学、语文、物理、化学和外语几门课程总结出了一些切实有用的学习技巧。书的读者主要是面对处在高中学习阶段的学生们。

此外，也有许多警句或名言，例如，李四光说的"观察、试验、分析是科学工作常用的方法"，乔纳森·斯威夫特说的"万事离不开方法，世界离不开秩序"，皮埃尔-西蒙·拉普拉斯说的"认识一位天才的研究方法，对于科学的进步，并不比发现本身更少用处"，保尔·瓦雷里说的"思想必须以极端的方法才能进步，然而又必须以中庸之道才能延续"，何祚庥说的"向一切成功者和失败者学习思想方法"，等等，都从各种角度出发告诉了我们方法的重要性。

第二章　市场的系统结构

从现代科学知识的整体结构上来看，学科的分类是极其复杂的。随着人类社会的高速发展，面对越来越强烈的数据爆炸、信息爆炸，当今的人类知识既出现了高度的分裂，同时又出现了高度的融合。一方面，各知识领域、各学科之间的相互渗透、交叉和融合，甚至包括自然、人文和社会科学的跨领域融合，已经使学科分支的总数从20世纪初的600多个门类，发展到当代的6000多个门类。例如，据资料显示，第1版的《大英百科全书》用两名科学家就可以完成编写工作，而完成当代最新版的《大英百科全书》的编写，则需要动用几万名科学家才能完成。另一方面，一些多边缘的综合学科也越来越流行。例如，在自然科学领域内，已经有"生物物理化学"或称"生物电化学"这样的学科存在，在社会科学领域内也已经有了"科学文化哲学"的议题。

那么，人类究竟应该如何面对这样一个数据爆炸、信息爆炸、知识爆炸的复杂局面呢？或许就是：首先需要建立起一个完整的人类知识的体系结构，在面对现实的课题时将其准确地定位，分析其内在的核心要素与运行机制，弄清并分析能够对于其产生直接或间接影响的其他因素，最后做出判断和给出结论。这也正是对前文烦琐的引论所做出的注解。

一、市场概况与核心要素

从信息论的角度来看，资本市场包含的要素有政府决策部门、上市公司、证券交易机构、投资者、与市场相关的其他机构、市场运行的整体状况、影响市场运行的主要因素、市场运行的环境等。如果进一步地细分，每项要素又涉及许多具体机构、人员或内容。

（1）政府直接和间接的管理部门都有哪些，其相互间的层次与关系如何确定，各自的职能是什么，已经出台的和可能将要出台的政策有哪些，政府主管部门制定了怎样的行业发展战略，政府管理对于市场的运行与发展起了什么作用。

（2）上市公司的总体状况（包括上市公司的总体规模、扩展进程、行业结构、企业结构、股本结构、经济运行指标和财务指标等）如何，以及企业上市和退市的总体情况如何。

（3）交易机构的总体构成与规模、服务与运行状况（包括市场的交易品种、交易机制，券商的盈利模式、服务质量、交易成本管理、设备保障条件等）如何，以及交易机构进入和退出的总体情况如何。

（4）投资者的总体发展状况（包括投资者的规模、组成结构、持股结构、行为特征等）如何，以及投资者进入和退出的总体情况如何。

（5）市场运行与发展的总体状况（包括市场的规模、结构、功能、效率、特点、运行机制、直接的动力与阻力、投资价值、风险和趋势预测等）如何。

（6）市场的外部环境与影响因素（包括国家宏观经济的运行、政府的宏观调控、相关的产业政策，以及其他相关的市场，如股指期货、商品期货、金融衍生品和国际主要资本市场等）如何。

（7）其他对市场有影响的相关机构（包括专业性的研究机构、媒体和从业人员等）的总体情况如何。

概括来说，股票市场的内部结构及其外部环境如图 2-1 所示。

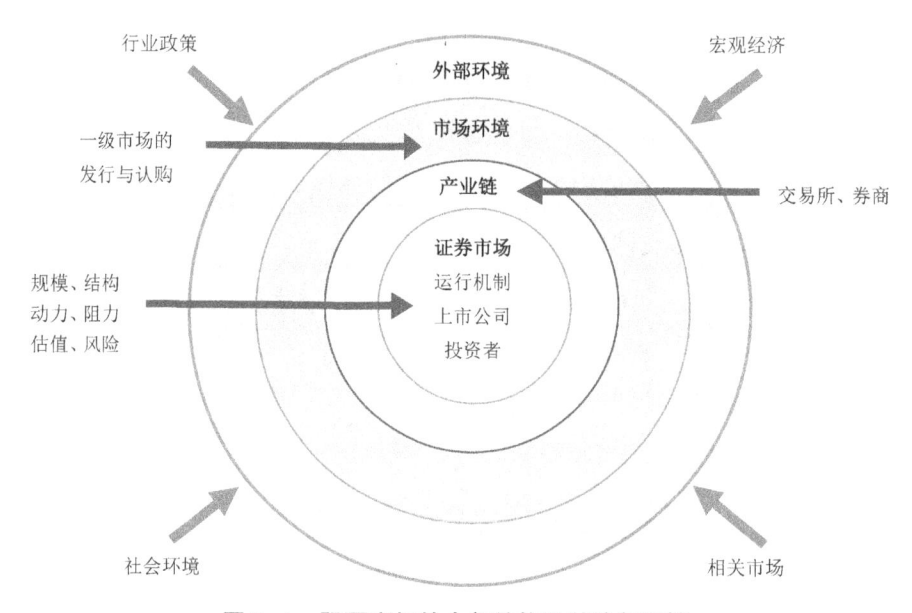

图 2-1 股票市场的内部结构及其外部环境

由于本书有别于完整的市场研究报告，故只选择普通读者可能关注的内容加以陈述。依据图 2-1，现将其中的部分内容做如下分析。

首先，来看一下我国 A 股市场的总体规模和结构。截至 2021 年底，我国 A 股上市公司超过 4685 家，总市值约 111.1 万亿元（人民币，下同），列世界第二位。其中，上证总市值 51.9 万亿元、深证总市值 39.6 万亿元、创业板总市值 14 万亿元、科创板总市值 5.6 万亿元。投资者中，一般法人持股市值占 44.9%，约 47.7 万亿元，持股仓位约为 60%；个人投资者占 33.2%，约 34.9 万亿元，持股仓位约为 73%；境内专业机构占 16.6%，约 17.5 万亿元，持股仓位同样约为 60%；外资占 5.3%，约 5.6 万亿元，持股仓位也以 60% 计算。根据各类投资者的持股常规仓位推算，A 股的场外资金规模应在 15 万亿元以上。如图 2-2、2-3 所示。

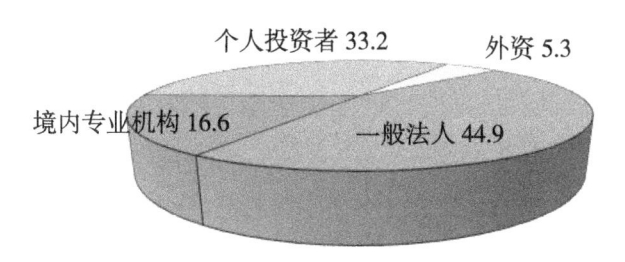

图 2-2　各类投资者的市场占有率（%）

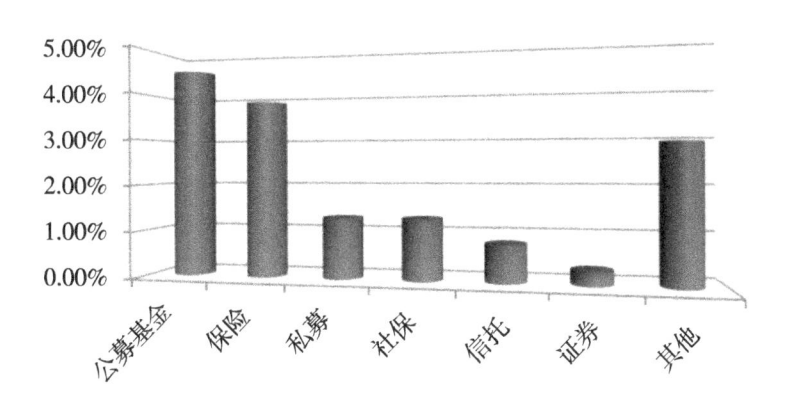

图 2-3　各类投资机构的市场占有率

其次，表面看大盘运行有许多规律可循，但是其中最基本的规律其实只有两个。一个是股市的规模会一直随 GDP 的不断增长而扩大；另一个是股市一般会表现为波动性的增长，而引起波动最基本的原因，就在于投资者受制于黄金分割原理支配的持股心理。当然，这一基本规律也会受到其他因素的影响，包括市场的整体估值、大盘的技术形态、标志性权重股的走势、大市值个股或行业的涨跌、国内的相关政策，以及其他环境因素的变化等。

与国际相比较，中国的股市属于新兴市场，管理层按政策目标，每年会依据 IPO、解禁值和新基金的投放数量，实施对股市的监管。据普华永道、Wind 数据和银河证券基金等多家机构报道，2019 年全年 A 股市场共有 201 只新股上市，融资总额为 2533 亿元，新股数量较 2018 年上升 91%，融资额增加 83%；年 A 股限售股市值达 2.66 万亿元；年新发基金 1059 只，继 2016 年之后再次突破 1000 只大关；合计募集 1.44 万亿元。

2020 年，A 股 IPO 数量和融资金额均比上年同期大幅增长，A 股共有 395 只新股上市，融资总额为 4719 亿元，创下自 2011 年以来 IPO 融资额的新高，IPO 数量和融资额同比分别增长 97% 和 86%；年 A 股解禁市值将进一步升至 3.31 万亿元；年各个类型公募基金合计发行 1441 只，募集规模 3.15 万亿元，数量、募集规模均创 1998 年以来历史新高。

2021 年，A 股 IPO 规模约为 0.5 万亿元、解禁值约为 4.6 万亿元，其中根据经验数据，约 14% 的解禁值会选择抛售，即 4.6×0.14 ≈ 0.64 万亿元。如此，两项相加约为 1.14 万亿元。而 2021 年中国证监会批准发行的新基金募资规模将在 2.6 万亿元以上。由于新基金募资、建仓和持仓均需要有一个过程和标准，所以股市资金面的状况总体上可视为是均衡的。

除 "市政策" 的说法外，我国股市历来还有所谓 "国家队" 的议论。"国家队" 一般包括汇金、证金、公募基金、社保基金、保险等机构。据东方财富网的一篇报道，2020 年中旬汇金和证金持股市值为 4 万亿元、公募基金为 2.71 万亿元、保险为 1.49 万亿元、社保基金为 1690 亿元，以上机构总体持股市值约 8.37 万亿元。Wind 提供的数据显示，这些 "国家队" 成员持股偏好既有共性，也有差异。其中，超大市值的银行、金融、白酒和石油是集中点，其他分散于医药、信息技术、电力、热力、房地产、家电和矿业等行业中。

2021 年 10 月，南方财富网提供的数据显示，A 股中股票市值前十的上市公司分别是：贵州茅台 2.4 万亿元，占比 5.33%；工商银行 1.26 万亿元，占比 2.82%；招商银行 1.08 万亿元，占比 2.4%；农业银行 0.94 万亿元，占比 2.09%；中国石油 0.92 万亿元，占比 2.05%；中国人寿 0.65 万亿元，占比 1.44%；中国银行 0.64 万亿元，占比 1.43%；中国平安 0.55 万亿元，占比 1.24%；中国中免 0.53 万亿元，占比 1.18%；海天味业 0.47 万亿元，占比 1.05%。

对于中国股市未来发展趋势的预测，《经济观察报》有文章认为：到2030年中国股市上市公司将超过6200家，总市值将达到210万亿元。随着2019年注册制的改革，今后IPO的通过率能达到约90%，新股退市要达到约2%。A股境内专业机构的持股比例将超过30%，同时公募基金和外资的持股份额会大幅增加，而个人持股比例也会从28.5%显著下降至20%以下。

另外，逐渐与国际股市接轨成为我国股市发展的必然趋势，A股也将会由高市值的行业龙头主宰。并且，跟随其变化的是约60%的公司上市后将风光不再，"破发"会成为常态，一级和二级市场的差价也将逐渐消失。

由于中国经济发展的带动作用，香港股市也将迎来新的发展机遇，在海外上市的"中概股"回归将会加速，对中介机构的监管也将更加严格。板块方面，从国家的总体安全观出发，科技、能源、粮食、国防、资源将成为政策的主要支持领域。从长远来看，价值投资的理念要逐渐占据上风，所谓"硬科技"和新消费更具发展前景，成为IPO的主流。

另一篇《21世纪经济报道》的文章也发表了类似的观点。不同的是，涉及2021年到期的"资管新规"的影响，文章认为我国银行业理财产品即将发生三大变形，即期限拉长、门槛提高、分级受限。由此，我国银行业约5.4万亿元的存量理财产品中，将有约上万亿元的资金流向A股。在行业板块中，令人瞩目的是非金融行业的增速能从2020年的1.3%，大幅上升至24.9%。对于全球大宗商品市场，作者的预测是未来3年农产品、原油、基本金融、贵金属和动力煤的价格涨幅较快。

二、政策、产业链、价值链、市场

不同于西方成熟的资本市场，我国A股运行的环境、政策机构、行为主体、内在机制以及影响因素等，均有其自身的特点。其相关要素可归纳为政策、产业链、价值链、市场，并且各要素之间就如同构成了一个完整和复杂的有机体。而要想弄清和揭示这一有机体内部各要素单元之间存在着的运行机制，显然就需要采用前文所提及的科学技术方法论。

三、行业估值与板块

论及对于行业和板块的选择，市场上众说纷纭，为何如此呢？这其中至少有四个方面的原因，导致很难有一致性的结论得出。

（1）投资者的资金性质、资金量、资金来源等不同。

（2）投资者的选股策略、评估方法、投资偏好不同。

（3）市场变化得快，投资者的市场预测水平存在差异。

（4）带有做广告宣传之嫌的大概也不能排除。

2019年10月，东方财富网有一篇文章，作者提及的三个选股原则是：行业龙头的收入排行前三和细分行业龙头；自由现金流持续为正，属内生增长，且持续地分红；估值不仅需看PE、PB，还需看PEG，即公司的持续性增长能力要好于短期的大涨。

2020年2月，南方财富网的另一篇文章提到了不同的选股模型：PCE通过折现自由现金流体现企业的价值，被称为绝对估值法；PE利用企业近期数个周期的收益作为参考；EV/EDITDA属于相对估值法，也是一种交易估值模式，即通过对比相对于行业平均水或历史水平的高估和低估，来判断不同行业或板块具有的不同的估值水平。

2021年10月，东方财富网另有文章提到了一个按PE和PB值对28个行业展开的数据统计，结论是建筑装饰、农林牧渔、房地产、传媒、通信和非银金融等6个行业值得关注。11月份，另一篇Wind资讯文章的结论是从五大主力资金，即公募基金、保险公司、社保基金、QFII和私募资金的三季报重仓持股的市值中得出的，在其对比的24个行业中，银行、资本货物、材料三大行业市值最高。

来自国际上的一些行业发展报告，或许也可以作为一种趋势投资者的参考。2020年4月，搜狐网刊登的麦肯锡《中国与世界的经济联系正在悄然变化》的文章称：全球各国的经验均表明，一个国家若想向技术链的上游挺进，必须具备四大要素，即大规模投入资金、拥有获取技术和知识的渠道、进入庞大的市场、推行鼓励竞争和创新的有效制度。举例而言，中国的高铁行业便是得益于国家层面的支持，中国政府从2004年以来持续投入巨资完成了2万千米铁路建设。中国也与全球4家领先的老牌高铁企业签订了技术转让协议。此外，中国还是全球最大的高铁市场，总里程数占全球的65%。

报告从8个维度，即贸易、企业、资本、人员、技术、数据、环境和文化，审视了中国经济与世界融合的现状。报告谈到的重点主要有以下几个方面。

（1）贸易。2017年，中国以2270亿美元的出口额成为全球第五大服务出口国，相当于2005年的三倍；同年，中国的服务进口额高达4680亿美元，跃居全球第二大服务进口国。不过，中国在服务贸易领域的全球份额尚不及商品贸易。2017年，中国在全球服务贸易总量中的占比为6.4%，约为商品贸易占比的一半。从全球来看，服务贸易比商品贸易的增速快60%。

（2）技术。近年来，中国的研发开支大幅增长。国内研发开支从2000年的90亿美元增长到2018年的2930亿美元，位居世界第二，仅次于美国。但在一些核心技术上，中国仍需要进口，例如半导体和光学设备。此外，中国也需要海外知识产权的引进。2017年中国的知识产权进口额为290亿美元，而知识产权出口额仅为50亿美元左右，为进口额的17%。与中国签订技术进口合同的国家的地域集中度非常高，超过一半的海外研发采购金额集中流向三个国家——美国31%、日本21%、德国10%。

（3）数据。中国拥有超过8亿名网民，规模全球居首，虽然近年来跨境数据流有所增长,但总体规模依然有限。中国的宽带数据流动总量位居全球第八,仅为美国的20%。2007年以来,在73个经济体中,有69个经济体的国内产值对于中国进口的依存度上升,有72个经济体的国内消费对于中国出口的依存度上升,还有58个经济体的国内投资对于中国资本的依存度上升。发达经济体,尤其是西欧和北美各国,在贸易和投资方面对中国的依存度相对较低,对华出口额通常在其总产出中占比不足5%,对华进口额在其国内消费中的占比也不足5%,另外,来自中国的外商直接投资占其国内投资的比例更是低于1%。

(4)企业。由于中国的经济体量极为庞大,几乎所有行业都在一定程度上依存于中国。在20个行业当中,中国有17个行业的消费份额在全球总消费中占比超过20%。此外,中国在全球服务消费中的占比也在上升。中国在电子、机械和设备领域已经全面融入全球价值链。在这些深度整合的贸易领域当中,中国的角色既是供应方,也是市场。中国在这些领域的高占比反映出中国已经高度融入全球贸易——中国占全球出口总额的17%~28%,占全球进口总额的9%~16%。中国在这些领域的产出占比也很可观,全球份额高达38%~42%。

对于贸易属性极高的轻工制造和劳动密集型产业而言,全球各国高度依赖中国的产出。中国在全球轻工制造领域,例如纺织和服装的份额甚至高达52%。在很多情况下,全球各国也高度依赖于中国的出口,中国占据了全球纺织和服装出口的40%、家具出口的26%。在另外一些全球贸易属性较强的行业中,中国并不是主要参与者。以制药行业为例,中国的贸易额仅占全球药品出口的4%、全球进口的3%。同样,虽然汽车领域的贸易强度较高,但中国的贸易额仅占全球出口的3%、全球进口的7%。中国的金属制造行业占据了全球出口的23%,农产品行业则占据了全球进口的18%。

中国的各个行业都在发展本土价值链。在光伏面板、高铁、数字支付系统和电动汽车这些行业，中国企业在本土市场占据的份额超过90%。而在半导体和飞机制造等行业中，中国企业在国内和国际市场占据的份额都很小，而且高度依赖外国技术。对于全球化程度较高的行业，中国在海外光伏面板市场占据了高达50%的份额；而在全球化程度不足的行业，中国在飞机制造行业的市场份额尚不及1%。

从11个领域择取了81项技术进行研究发现，中国对其中超过90%的技术均采用了全球标准。此外，对同类标准进行分析后发现，中国供应商可以在40%~60%的技术研究中实现与国际供应商同等或更好的效果。在一些尚未确立全球标准的新兴技术领域，例如5G、人工智能和量子计算，中国已经取得了一些进展。

中国消费市场已经与全球高度整合。自从2001年加入世界贸易组织以来，中国逐步降低了外企在华运营的门槛，并从2004年开始允许外国投资者在国内所有市场经营零售业务。中国还开放了分销领域，允许外资分销企业申请全国性牌照。因此，跨国企业在中国市场的渗透率相当可观。我们分析了十大消费领域的30种顶尖品牌，发现2017年在华外企的平均市场渗透率为40%，在美国这一比例仅为26%。某些行业的渗透率甚至更高，例如在美妆和个人护理领域中跨国企业的渗透率高达73%。

越来越多的中国人走出国门，增加境外消费。中国的人员流动逐渐加大，尤其是学生和游客，让目的地国家的企业获得了越来越多的商机。中国留学生也对其他经济体产生了重要影响，例如澳大利亚2017年对华教育出口额高达100亿澳元，这还不包括中国留学生的日常生活开支。

有关中国与世界经济联系的发展趋势，可从以下5个方面得出结论：第一，成为进口目的地；第二，服务业的开放；第三，金融市场全球化；第四，协作解决全球议题；第五，技术和创新的流动。如果上述5项趋势均向加强联系发展，则中国和世界到2040年有望创造巨大的经济价值。根据预测，中国从当下到2030年这段时间的消费增长可能将高达约6万亿美元，相当于美国与西欧的总和，是印度与整个东盟国家的约两倍。

服务业在中国经济中的占比逐年增大，2018 年占国内 GDP 的比例达到 52%，而 2010 年只有 44%。但服务品质、服务能力和准入问题影响了很多服务业子领域的发展，同时外企面临的种种限制也会阻碍竞争和现代化进程，进而抑制生产率的提高。中国服务业的劳动生产率仅为经合组织平均水平的 20%~50%。虽然中国政府最近出台的一系列举措显示出扩大开放的信号，但外企的某些经营障碍或仍将存在。模拟结果显示，中国与全球的经济联系发生变化后，服务领域受影响的经济价值将在 3 万亿 ~5 万亿美元之间。

中国的金融体系相对封闭，国企债务在中国企业债务中的占比高达 70%，但仅贡献了略高于 20% 的工业产出。倘若中国的金融体系与全球市场进一步对接，那么中国的消费者、企业和投资者或可拥有更多选择，资源配置效率也将有所提升。模拟显示，这一选择涉及的经济价值共计约 5 万亿 ~8 万亿美元。

中国在亚洲基础设施投资银行和金砖国家新开发银行中的持股比例分别为 30% 和 20%。中国也在积极组建区域贸易集团，逐渐成为制订全球化问题解决方案的关键参与者。中国仍有潜力开发更多的创新性解决方案，并向世界输出，例如共同定义全球化数字治理，以及填补每年预计约 3500 亿美元的全球基础设施投资缺口。根据估算，中国与世界的经济联系或发生变化，这方面涉及的经济价值可能在 3 万亿 ~6 万亿美元之间，并且将在环境保护、网络安全等一系列与全球公共产品相关的话题上拓宽国际合作。

2021 年 6 月，电子工业出版社出版了中国科学院大学发表的《中国新经济发展报告（2021—2022）》一书。该报告运用计量经济模型、经济先行指数、投入产出技术等对 2020 年我国经济的不同层面进行了全面系统的总结和回顾，对 2021 年我国的经济发展趋势和主要经济变量进行了预测，并提出了相应的政策建议。全书由宏观经济、行业经济两个部分组成，内容涉及经济增长、固定资产投资、进出口、最终消费、物价、财政政策、货币政策、国际收支等我国宏观经济指标和政策的分析与预测，以及农业、工业、房地产市场、物流业、国际大宗商品价格、农民收入、粮食需求、行业用水及需水量等经济发展的重要行业和重点指标的走势分析与预测。

报告认为，在未来一个时期，新能源、新材料、新兴信息技术、人工智能、集成电路、生物医药、高端装备制造等新经济将引领全球经济发展的潮流，也是中国经济高质量发展、产业优化升级的引擎。

四、国家宏观经济政策与市场环境

有关股市内在的运行机制如前文所述，股市最基本的规律其实只有两个。一个是股市的规模会一直随GDP的不断增长而扩大，并且其发展和波动也会与国家宏观经济价值链的传导相关。这个国家宏观经济的价值链就是PPI/CPI → GDP → M2 → A股。表2-1显示的是近年来中国M2与GDP相关的数据，简单来说，M2即广义货币，反映的是市场上的流通货币状况（包括流通中现金、企事业单位活期存款、企事业单位定期存款以及居民储蓄存款），如果M2增长则代表市场上的流通货币增加，对经济有刺激效果，就会有更多资金流入资本市场投资，从而影响到股市。

那么，我国M2与GDP的比值如此之高，且远超美国，为何并没有引起通货膨胀呢？关于这个问题，可以参考2019年3月搜狐网的一篇文章：《2019年固定资产投资报告：制造业转型与基建回暖是2019年的主旋律》。

文章指出：从IMF数据来看，1985—2015年的30年间，我国固定资产存量经历了比较显著的三个阶段，第一个阶段（1991年之前），固定资产存量低，增长缓慢。这一时期处于改革开放的前期，前期资本存量相对较少。第二个阶段（1991—2014年），固定资产增长的黄金时期。在这20多年间，固定资产投资存量保持较快的增长速度，尤其是2009—2011年的"四万

表 2-1　近年来 M2 与 GDP 的比值

年　份	M2 指标值／万亿元	GDP 绝对额／万亿元	M2/GDP
2021 年末	238.29	114.36	2.08
2020 年末	218.67	101.59	2.15
2019 年末	198.64	98.65	2.01
2018 年末	182.67	91.92	1.99
2017 年末	169.02	83.20	2.03
2016 年末	155.01	74.63	2.08
2015 年末	139.22	68.88	2.02

亿"政策，使得固定资产投资增加，固定资产存量的斜率变大。第三个阶段（2014 年之后），政府固定资产投资开始有所回落，固定资产存量增加放缓。根据政府固定资产投资及固定资产存量推出，每年的政府固定资产折旧约为五千亿至一万亿国际元。

对于第二个阶段固定资产增长的黄金时期，另有一些报道的数据和分析认为：虽然我国固定资产投资从 1992 年以来一直保持在 30% 左右，但是，一方面由于银行贷款使用效率低，不良率高，被企业吸纳的银行贷款被低效使用或无效沉淀，另一方面部分资金被吸纳于我国的房地产市场和证券市场，所以实际上并未引起物价的大幅上涨。

以上解读并未提及的是，我国 M2 的发行是与外汇储蓄相关的，而外汇储蓄体现出的又是国际贸易的顺差，并且这些资金由国家掌握，可用于政府的直接投资，如对于"一带一路"的投资。2015 年前，此项投资每年约合 170 亿美元。2019 年后，增加到了每年约 1 万亿美元以上。到 2021 年 4 月，中国与"一带一路"沿线国家货物贸易累计达 9.2 万亿美元。所以，总体结论是，我国 M2 的发行并未引发国内市场的严重通货膨胀。

股市的发展虽然有其内在的运行机制，但是来自外部的影响因素也有很多，其中就包括国家直接对资本市场制定的政策，如国家税务政策（主要是印花税和佣金）、国家宏观经济状况、国家货币政策（主要是利率和存款准备金率）。

1. 国家税务政策对于股市的影响

1990 年印花税在深圳开征，征收标准是由卖出股票的交易者缴纳成交金额的 6‰；同年 11 月，深圳市场对买家也开征了 6‰ 的印花税。

1991 年 10 月 10 日，印花税由 6‰ 下调到 3‰，这是我国证券市场史上第一次调整印花税。调整后大牛市行情启动，半年后，上证指数从 180 点飙升到 1429 点，涨幅接近 7 倍。

1997 年 5 月 12 日，印花税由 3‰ 上调到 5‰，当天形成大牛市顶峰，此后，股值下跌 500 点，跌幅近 30%。

1998 年 6 月 12 日，印花税由 5‰ 下调到 4‰，调整后首个交易日，沪指上涨 2.65%。

1999 年 6 月，B 股交易印花税税率降低为 3‰。上证 B 指一个月内从 38 点飙升至 62.5 点，升幅逾 50%。

2001 年 11 月 16 日，印花税由 4‰ 下调到 2‰，调整后，股市有了一段 100 多点的行情。

2005 年 1 月 23 日，印花税再次下调，由 2‰ 下调到 1‰，次日沪指收涨 1.73%。

2007 年 5 月 30 日，印花税由 1‰ 上调到 3‰，这是 1997 年以来 10 年间唯一一次上调。次日，两市收盘跌幅超过 6%，1.23 万亿元市值在一日间蒸发。

2008 年 4 月 24 日，印花税从 3‰ 调整为 1‰。调整后，沪指收盘大涨 9.29%，大盘几乎涨停。

2008 年 9 月 19 日，证券交易印花税由双边征收改为单边征收，税率保持 1‰。当天沪指创下史上第三次大涨，收盘时上涨 9.45%，A 股 1000 余只股票涨幅在 9% 以上。

由此来看，印花税的调整在短期内对大盘的影响很明显，几乎每次上调或下调，伴随的都是市场大幅的下跌或上涨。

至于交易佣金的收费标准，国家规定最高收费为 3‰，最低收费 5 元，并且各家券商收费不一。由于存在同业竞争，以北京为例，2021 年上半年，北京总共 594 家券商分支机构只有 53% 实现了盈利。

2. 国家宏观经济状况

2019 年，我国的 GDP 总值已经接近 100 万亿元，人均 GDP 首次突破了 1 万美元。2020 年，中国高净值人群共持有可投资资产近 90 万亿元。2021 年底，中国高净值人群，即个人年可投资资产超过 1000 万元的中上阶层的数量达到约 300 万人。预计到 2021 年底，该部分人的投资资产将能达到约 96 万亿元。

2021 年 10 月 18 日，国家统计局官网发布 2021 年前三季度国民经济运行数据，内容有概述和 9 个方面的分项论述。

概述中指出：初步核算，前三季度国内生产总值 823131 亿元，按可比价格计算，同比增长 9.8%，两年平均增长 5.2%，比上半年两年平均增速回落 0.1 个百分点。分季度来看，一季度同比增长 18.3%，两年平均增长 5.0%；二季度同比增长 7.9%，两年平均增长 5.5%；三季度同比增长 4.9%，两年平均增长 4.9%。分产业来看，前三季度第一产业增加值 51430 亿元，同比增长 7.4%，两年平均增长 4.8%；第二产业增加值 320940 亿元，同比增长 10.6%，两年平均增长 5.7%；第三产业增加值 450761 亿元，同比增长 9.5%，两年平均增长 4.9%。从环比来看，三季度国内生产总值增长 0.2%。

分项论述包括以下几个方面内容。

（1）农业生产形势较好，畜牧业生产快速增长。前三季度，农业（种植业）增加值同比增长 3.4%，两年平均增长 3.6%。全国夏粮早稻产量合计 17384 万吨，比上年增加 369 万吨，增长 2.2%。秋粮播种面积稳中有增，其中，玉米播种面积增加较多；主要秋粮作物总体长势较好，全年粮食生产有望再获丰收。

（2）工业生产持续增长，企业效益稳步提升。前三季度，全国规模以上工业增加值同比增长11.8%，两年平均增长6.4%。9月份，规模以上工业增加值同比增长3.1%，两年平均增长5.0%；环比增长0.05%。

分三大门类来看，前三季度采矿业增加值同比增长4.7%，制造业增长12.5%，电力、热力、燃气及水生产和供应业增长12.0%，高技术制造业增加值同比增长20.1%，两年平均增长12.8%。

分产品来看，前三季度新能源汽车、工业机器人、集成电路产量同比分别增长172.5%、57.8%、43.1%，两年平均增速均超过28%。

分经济类型来看，前三季度国有控股企业增加值同比增长9.6%；股份制企业增长12.0%，外商及港澳台商投资企业增长11.6%；私营企业增长13.1%。9月份，制造业采购经理指数（PMI）为49.6%，其中高技术制造业PMI为54.0%，高于上月0.3个百分点；企业生产经营活动预期指数为56.4%。1~8月份，全国规模以上工业企业实现利润总额56051亿元，同比增长49.5%，两年平均增长19.5%；规模以上工业企业营业收入利润率为7.01%，同比提高1.2个百分点。

（3）服务业稳步恢复，现代服务业增势较好。前三季度，第三产业持续增长。分行业来看，前三季度信息传输、软件和信息技术服务业，交通运输、仓储和邮政业增加值同比分别增长19.3%、15.3%，两年平均分别增长17.6%、6.2%。9月份，全国服务业生产指数同比增长5.2%，比上月加快0.4个百分点；两年平均增长5.3%，加快0.9个百分点。1~8月份，全国规模以上服务业企业营业收入同比增长25.6%，两年平均增长10.7%。9月份，服务业商务活动指数为52.4%，高于上月7.2个百分点。

从行业情况来看，上月受疫情汛情冲击较为严重的铁路运输、航空运输、住宿、餐饮、生态保护及环境治理等行业商务活动指数均大幅回升至临界点以上。

从市场预期来看，服务业业务活动预期指数为58.9%，高于上月1.6个百分点，其中铁路运输、航空运输、邮政快递等行业均高于65.0%。

（4）市场销售保持增长，升级类和基本生活类商品销售增长较快。前三季度，社会消费品零售总额318057亿元，同比增长16.4%，两年平均增长3.9%。9月份，社会消费品零售总额36833亿元，同比增长4.4%，比上月加快1.9个百分点；两年平均增长3.8%，加快2.3个百分点；环比增长0.30%。

按经营单位所在地来看，前三季度城镇消费品零售额275888亿元，同比增长16.5%，两年平均增长3.9%；乡村消费品零售额42169亿元，同比增长15.6%，两年平均增长3.8%。按消费类型来分，前三季度商品零售285307亿元，同比增长15.0%，两年平均增长4.5%；餐饮收入32750亿元，同比增长29.8%，两年平均下降0.6%。

按商品类别来看，前三季度限额以上单位金银珠宝类、体育娱乐用品类、文化办公用品类等升级类商品零售额同比分别增长41.6%、28.6%、21.7%；饮料类、服装鞋帽针纺织品类、日用品类等基本生活类商品零售额同比分别增长23.4%、20.6%、16.0%。前三季度，全国网上零售额91871亿元，同比增长18.5%。其中，实物商品网上零售额75042亿元，同比增长15.2%，占社会消费品零售总额的比重为23.6%。

（5）固定资产投资规模扩大，高技术产业和社会领域投资快速增长。前三季度，全国固定资产投资（不含农户）397827亿元，同比增长7.3%，两年平均增长3.8%；9月份环比增长0.17%。

分领域来看，前三季度基础设施投资同比增长1.5%，两年平均增长0.4%；制造业投资同比增长14.8%，两年平均增长3.3%；房地产开发投资同比增长8.8%，两年平均增长7.2%。全国商品房销售面积130332万平方米，同比增长11.3%，两年平均增长4.6%；商品房销售额134795亿元，同比增长16.6%，两年平均增长10.0%。

分产业来看，前三季度第一产业投资同比增长14.0%，第二产业投资增长12.2%，第三产业投资增长5.0%。民间投资同比增长9.8%，两年平均增长3.7%。高技术产业投资同比增长18.7%，两年平均增长13.8%，其中高技术制造业和高技术服务业投资同比分别增长25.4%、6.6%。高技术制造业中，计算机及办公设备制造业、航空航天器及设备制造业投资同比分别增长40.8%、38.5%；高技术服务业中，电子商务服务业、检验检测服务业投资同比分别增长43.8%、23.7%。社会领域投资同比增长11.8%，两年平均增长10.5%，其中卫生投资、教育投资同比分别增长31.4%、10.4%。

（6）货物进出口较快增长，贸易结构持续改善。前三季度，货物进出口总额283264亿元，同比增长22.7%。其中，出口155477亿元，增长22.7%；进口127787亿元，增长22.6%；进出口相抵，贸易顺差27691亿元。9月份，进出口总额35329亿元，同比增长15.4%。其中，出口19830亿元，增长19.9%；进口15498亿元，增长10.1%。前三季度，机电产品出口同比增长23%，高于整体出口增速0.3个百分点，占出口总额的比重为58.8%。一般贸易进出口占进出口总额的比重为61.8%，比上年同期提高1.4个百分点。民营企业进出口同比增长28.5%，占进出口总额的比重为48.2%。

（7）居民消费价格温和上涨，工业生产者出厂价格涨幅扩大。前三季度，全国居民消费价格（CPI）同比上涨0.6%，涨幅比上半年扩大0.1个百分点。其中，9月份全国居民消费价格同比上涨0.7%，涨幅比上月回落0.1个百分点，环比持平。前三季度，城市居民消费价格上涨0.7%，农村居民消费价格上涨0.4%。

分类别来看，前三季度食品烟酒价格同比下降0.5%，衣着价格上涨0.2%，居住价格上涨0.6%，生活用品及服务价格上涨0.2%，交通通信价格上涨3.3%，教育文化娱乐价格上涨1.6%，医疗保健价格上涨0.3%，其他用品及服务价格下降1.6%。在食品烟酒价格中，猪肉价格同比下降28.0%，粮食价格上涨1.0%，鲜菜价格上涨1.3%，鲜果价格上涨2.7%。前三季度，扣除食品和能源价格后的核心CPI同比上涨0.7%，涨幅比上半年扩大0.3个百分点。前三季度，全国工业生产者出厂价格同比上涨6.7%，涨幅比上半年扩大1.6个百分点，其中9月份同比上涨10.7%，环比上涨1.2%。前三季度，全国工业生产者购进价格同比上涨9.3%，涨幅比上半年扩大2.2个百分点，其中9月份同比上涨14.3%，环比上涨1.1%。

（8）就业形势基本稳定，城镇调查失业率稳中有降。前三季度，全国城镇新增就业1045万人，完成全年目标的95.0%。9月份，全国城镇调查失业率为4.9%，比上月下降0.2个百分点，比上年同期下降0.5个百分点。本地户籍人口调查失业率为5.0%，外来户籍人口调查失业率为4.8%。16~24岁人口、25~59岁人口调查失业率分别为14.6%、4.2%。31个大城市城镇调查失业率为5.0%，比上月下降0.3个百分点。全国企业就业人员周平均工作时间为47.8小时，比上月增加0.3小时。三季度末，外出务工农村劳动力总量18303万人，比二季度末增加70万人。

（9）居民收入与经济增长基本同步，城乡居民人均收入比缩小。前三季度，全国居民人均可支配收入26265元，同比名义增长10.4%，两年平均增长7.1%；扣除价格因素同比实际增长9.7%，两年平均增长5.1%，与经济增长基本同步。

从常住地来看，城镇居民人均可支配收入35946元，同比名义增长9.5%，实际增长8.7%；农村居民人均可支配收入13726元，同比名义增长11.6%，实际增长11.2%。

从收入来源来看，全国居民人均工资性收入、经营净收入、财产净收入、转移净收入同比分别名义增长10.6%、12.4%、11.4%、7.9%。城乡居民人均收入比值2.62，比上年同期缩小0.05。全国居民人均可支配收入中位数22157元，同比名义增长8.0%。

国家统计局表示，总的来看，前三季度国民经济总体保持恢复态势，结构调整稳步推进，推动高质量发展取得新进展。但也要看到，当前国际环境不确定性因素增多，国内经济恢复仍不稳固、不均衡。下一步，要坚持稳中求进工作总基调，完整准确全面贯彻新发展理念，加快构建新发展格局，抓好常态化疫情防控，强化宏观政策跨周期调节，着力促进经济持续健康发展，着力深化改革开放创新，不断激发市场活力、增强发展动力、释放内需潜力，努力保持经济运行在合理区间，确保完成全年经济社会发展主要目标任务。

国家统计局指出，前三季度，面对复杂严峻的国内外环境，国民经济持续恢复发展，主要宏观指标总体处于合理区间，就业形势基本稳定，居民收入继续增加，国际收支保持平衡，经济结构调整优化，质量效益稳步提升，社会大局和谐稳定。

对于以上数据，国家统计局从9个方面予以进一步的说明：农业生产形势较好，畜牧业生产快速增长；工业生产持续增长，企业效益稳步提升；服务业稳步恢复，现代服务业增势较好；市场销售保持增长，升级类和基本生活类商品销售增长较快；固定资产投资规模扩大，高技术产业和社会领域投资快速增长；货物进出口较快增长，贸易结构持续改善；居民消费价格温和上涨，工业生产者出厂价格涨幅扩大；就业形势基本稳定，城镇调查失业率稳中有降；居民收入与经济增长基本同步，城乡居民人均收入比缩小。

2021年10月20日，手机金融界发表了2021年三季度宏观经济形势分析报告，指出：我国经济的数据显示，由于疫情和能源供给的问题，三季度的GDP增速已跌至4.9%。物价方面，PPI升高，CPI回落，两者剪刀差创历史新高；金融领域，实体经济需求趋缓，社会融资信贷增速回落，M1（即狭义货币，包括流通中现金和企事业单位活期存款）与M2负剪刀差扩大；贸易方面，出口价格处于高位，增速仍能保持，就业状况持续向好。

在金融政策的支持下，高技术制造业投资增长较快，房地产按揭贷款发放明显增加，房企的融资趋势好转；货币政策上转向"稳货币+结构性宽信用"，稳增长；财政政策上聚焦支持实体经济。经济上出现的三个新动向是：CPTPP（全面与进步跨太平洋伙伴关系协定）或将倒逼国内改革，房地产调控政策边际放松，煤电市场化改革加速。

2021年12月6日下午，《时代周报》等报道了中国社会科学院在北京举办的"2022年《经济蓝皮书》发布会暨中国经济形势报告会"。发布会上，中国社会科学院数量经济与技术经济研究所所长李雪松指出：当前中国经济发展仍然面临不少困难，包括消费恢复仍然乏力、有效需求偏弱，大宗商品价格上涨显著抬升了中下游企业特别是中小微企业生产成本，个别大型房企因盲目扩张和经营管理不善导致风险暴露等。对于2022年中国经济的预测，他表示，随着主要经济体产能逐步修复，中国出口替代效应将有所减弱，预计经济增长5.3%左右。

此前，国际货币基金组织（IMF）预测中国2022年GDP将增长5.6%；高盛预计2022年中国GDP增速将放缓至5%以下，实际GDP增速为4.8%。总体上来看，多家研究机构对2022年经济增速的预测基本都围绕5%上下波动。

对2022年经济发展主要预期目标，《经济蓝皮书》指出：未来一段时期，全球经济将延续复苏走势，但复苏面临不确定性，建议国内生产总值增长设定在5%以上，城镇新增就业1100万人以上，城镇调查失业率5.5%左右，居民消费人均涨幅3%左右。

对于经济发展预测，李雪松解释说，2022年中国潜在经济增长率约为5.5%，但受疫情反复、大宗商品上涨等影响，实际增长速度可能略低于潜在增长率，"目标设定为5%以上，留有一定余地，较为稳妥，也有利于各方面集中精力推动改革创新，推动高质量发展"。同时，考虑到2022年城镇男性劳动者退休规模预计明显大于2021年，2022年城镇新增就业人数可能超过1300万人。这主要是因为2022年退休的男性劳动力大部分出生于1962年前后，这是中国人口出生高峰年，导致2022年是退休高峰年，将移出更多新增就业岗位。因此2022年5%以上的增速，能够确保完成城镇新增就业目标。

中国社会科学院经济研究所研究员张平在发布会上表示："明年的经济增长应该定一个调，《经济蓝皮书》中提出的5%的GDP增长目标，有助于统领经济增长。"他认为，中国经过疫情冲击以后要恢复增长，GDP目标依然是重中之重，一旦失去GDP目标对很多政策的统领都会有不小的冲突。

12月6日，在中共中央政治局会议上，强调2022年经济工作要稳字当头、稳中求进。宏观政策要稳健有效，继续实施积极的财政政策和稳健的货币政策。积极的财政政策要提升效能，更加注重精准、可持续。稳健的货币政策要灵活适度，保持流动性合理充裕。

值得一提的是，此次中共中央政治局会议专门提到，要推进保障性住房建设，支持商品房市场更好满足购房者的合理住房需求，促进房地产业健康发展和良性循环。为此，《经济蓝皮书》也建议，要积极推动房地产业软着陆，既要防止土地拍卖频繁流标、热点城市供给不足，导致后期房价暴涨，又要防止四五线城市房价过快下跌，引发连带风险。

《经济蓝皮书》建议，2022年财政政策要继续保持适当赤字规模，财政支出节奏适当前移。2022年全国一般公共预算赤字率可设为3%左右，即财政赤字规模大约为3700亿元，比2021年增加1300亿元。《经济蓝皮书》指出："积极财政政策加力提效，继续保持一定支出强度，更加注重促进产业转型升级和以人为核心的城镇化，对冲经济增长下行压力。"

在货币政策方面，《经济蓝皮书》建议，2022年上半年，货币政策在坚持稳健基调的基础上，边际上可适度宽松，保持实体经济流动性合理充裕。既要用好再贷款、再贴现、直达工具等结构性工具，也要注重货币政策总量工具在宏观调控中的基础性作用。

另外还需关注的是，继 2021 年 7 月 15 日中国人民银行宣布全面降准 0.5 个百分点，释放了约 1 万亿资金后，2021 年 12 月 6 日宣布于 12 月 15 日再次决定降准 0.5 个百分点，预计释放长期资金约 1.5 万亿元，而紧接着在 7 日又宣布定向降息 0.25 个百分点。国家的这三项货币政策出台，再加上《经济蓝皮书》提及 2022 年比 2021 年多增加 1300 亿元的政府支出，可见国家已对 2022 年的经济发展给予了极大力度的政策刺激。

3. 国家货币政策对股市的影响

2020 年 11 月 26 日，中国人民银行发布 2020 年第三季度中国货币政策执行报告，内容如下。

2020 年以来，新冠肺炎疫情给我国经济社会发展带来严重冲击。在党中央坚强领导下，全国上下齐心协力，统筹疫情防控和经济社会发展工作取得重大战略成果。我国经济增长好于预期，供需关系逐步改善，市场活力动力增强。前三季度经济增长由负转正，第三季度国内生产总值（GDP）同比增长 4.9%，前三季度居民消费价格指数（CPI）同比上涨 3.3%，就业形势总体稳定，进出口贸易稳中向好。

中国人民银行坚持以习近平新时代中国特色社会主义思想为指导，坚决贯彻党中央、国务院的决策部署，响应及时有力，加大宏观政策应对力度。稳健的货币政策更加灵活适度、精准导向。坚持以总量政策适度、融资成本明显下降、支持实体经济三大确定性应对高度不确定的形势，根据疫情防控和经济社会发展的阶段性特征，灵活把握货币政策调控的力度、节奏和重点，为保市场主体稳就业营造了适宜的货币金融环境，为疫情防控、经济恢复增长提供了有力支持。今年以来已推出涉及 9 万亿元货币资金的货币政策应对措施，前 10 个月金融部门向实体经济让利约 1.25 万亿元。

一是保持流动性合理充裕。合理把握中期借贷便利、公开市场操作等货币政策工具的力度和节奏，保持短、中、长期流动性供给和需求均衡，有效稳定市场预期，引导市场利率围绕政策利率平稳运行。

二是持续深化贷款市场报价利率改革。按期完成存量浮动利率贷款的定价基准集中转换工作，贷款利率隐性下限被完全打破。

三是完善结构性货币政策工具体系，突出分层次、有梯度的内在逻辑，增强直达性、精准性。

四是以我为主，兼顾对外均衡。人民币汇率以市场供求为基础双向浮动，弹性增强，市场预期平稳，跨境资本流动有序，市场供求平衡。

五是牢牢守住不发生系统性风险的底线，有效防控金融风险。

总体来看，稳健的货币政策体现了前瞻性、主动性、精准性和有效性，成效显著，传导效率进一步提升，金融支持实体经济力度稳固。9月末，M2供应量同比增长10.9%，社会融资规模存量同比增长13.5%，增速均明显高于2019年。9月企业贷款加权平均利率为4.63%，较上年12月下降0.49个百分点。货币信贷结构持续优化，9月末普惠小微贷款同比增长29.6%，制造业中长期贷款同比增长30.5%。人民币汇率双向浮动，在合理均衡水平上保持基本稳定。9月末，中国外汇交易中心（CFETS）人民币汇率指数报94.40，较上年末升值3.29%。

我国已转向高质量发展阶段，继续发展具有多方面优势和条件。也要看到，国际环境日趋复杂，不稳定性不确定性明显增加，国内经济面临不少挑战，经济运行还存在一些结构性、体制性、周期性问题，发展不平衡不充分问题仍然突出。对此要深刻认识和辩证看待，增强机遇意识和风险意识，将改革和调控、短期和长期、内部均衡和外部均衡结合起来，集中精力办好自己的事，努力实现高质量发展。下一阶段，中国人民银行将坚持以习近平新时代中国特色社会主义思想为指导，坚决贯彻落实党中央、国务院决策部署，统筹常态化疫情防控和经济社会发展工作，全力做好"六稳""六保"和"十三五"规划收官工作，确保实现全面建成小康社会奋斗目标。同时，将力量更加集中到深入贯彻落实党的十九届五中全会精神上来，认识新发展阶段，贯彻新发展理念，构建新发展格局，完善宏观经济治理，搞好跨周期政策设计，促进经济总量平衡、结构优化、内外均衡。建设现代中央银行制度，完善货币供应调控机制，健全市场化利率形成和传导机制，构建金融有效支持实体经济的体制机制。

　　稳健的货币政策要更加灵活适度、精准导向，更好适应经济高质量发展需要，更加注重金融服务实体经济的质量和效益。完善货币供应调控机制，把好货币供应总闸门，根据宏观形势和市场需要，科学把握货币政策操作的力度、节奏和重点，保持流动性合理充裕，保持广义货币供应量和社会融资规模增速同反映潜在产出的名义国内生产总值增速基本匹配。健全市场化利率形成和传导机制，深化贷款市场报价利率改革，继续释放改革促进降低贷款利率的潜力，综合施策推动社会融资成本明显下降，发挥市场在人民币汇率形成中的决定性作用。增强结构性货币政策工具的精准滴灌作用，提高政策直达性。重视预期管理，保持物价水平稳定。处理好内外部均衡和长短期关系，尽可能长时间实施正常货币政策，保持宏观杠杆率基本稳定。打好防范化解重大金融风险攻坚战，健全金融风险预防、预警、处置、问责制度体系，维护金融安全，牢牢守住不发生系统性金融风险的底线。以创新驱动、高质量供给引领和创造新需求，加快形成以国内大循环为主体、国内国际双循环相互促进的新发展格局。

　　对于中国人民银行的报告，2020年11月27日，金融界登载了一篇《央行报告定调货币政策，对A股影响几何？》的文章，提到了以下几方面内容。

　　（1）重提"总闸门"。这是继2019年二季度以来重提"总闸门"，预示着接下来仍会继续边际收紧货币。在疫情期间，中国果断采取了较为宽松的货币政策，刺激经济快速修复，但导致货币供应量远超经济增速。接下来，预示着M2和社会融资应该会逐步回落到个位数，与名义经济增速相匹配，但整体节奏不会很快。因为报告中也提到，会保持流动性合理充裕，不让市场缺钱，又坚决不搞"大水漫灌"，不让市场的钱溢出来。

（2）"价不变"。虽然中国人民银行在量的表述层面重新加回"总闸门"，但在价上，仍坚持"引导市场利率围绕公开市场操作利率和中期借贷便利平稳运行""促进融资成本进一步下行"，且重视传导效率。因为此前受到疫情冲击，消费、投资仍然没有修复到疫情之前，实体经济还是处于一个需要低成本资金喂食的状态，尤其是中小微企业。2020年中国人民银行创设了两项直达实体经济的货币政策工具，在坚持市场化原则下，增强了资金支持的直达性和精准性。从效果来看，普惠小微企业贷款延期支持工具的创设，切实缓解了小微企业贷款还本付息压力，截至2020年9月末，全国银行业金融机构已累计对189万家市场主体的贷款本金和91万家市场主体的贷款利息实施了延期，共涉及4.7万亿元到期贷款本息。普惠小微企业信用贷款支持计划则有效提升了小微企业信用贷款比重。4月之后LPR始终维持不变，接下来大概率仍然是"不升不降"的状态。虽然LPR没变，但实际贷款利率在中国人民银行边际收紧货币下，还是略微有所提升。据报告，中国人民银行公布9月贷款加权平均利率5.12%，较6月回升6bp，其中一般贷款利率回升5bp，票据融资利率上行38bp，房贷利率下行6bp。

（3）定调去杠杆。中国人民银行报告中提到，2020年为应对疫情冲击，我国先后出台了多项货币和财政政策措施，政策力度合适，较好地支持了实体经济增长，有效填补了疫情冲击下的全球防疫物资等必需品和其他工业品的供给缺口，为国内外经济复苏做出了重要贡献。在此过程中，债务规模和杠杆率必然出现阶段性上升，而之后经济增长的逐步恢复也将为更好地长期保持合理的宏观杠杆率水平创造条件。什么意思？很简单，接下来稳杠杆，以及逐步去杠杆。其实早在11月13日，财政部原部长楼继伟就向媒体表示，现在就应该坚决降杠杆，特别是金融业务降杠杆。当前，我国的非金融债务差不多是270万亿元，GDP是100万亿元，大致测算宏观杠杆率是270%，创下新高。

早在2018年提出的去杠杆，实际上就是针对企业去杠杆，2018年的政府杠杆和居民杠杆其实没有下降多少，甚至还是小幅度上升的，只有企业杠杆率有比较大幅度的下降，从2017年的158.19%回落至2018年的153.55%。2019年企业杠杆率整体维持不变，但2020年因为疫情冲击，我国的企业杠杆率出现较大幅度上升，二季度达到164.4%，后来中国人民银行开始边际收紧货币，目前企业杠杆率小幅回落至164%。

中国人民银行边际收紧货币流动性，叠加"悄悄"去了一点杠杆，也是近来华晨集团、永煤控股等大型企业债券违约的一个重要因素。中国人民银行报告定调货币政策——继续边际收紧，自然会给A股带来不小的压力。其实，中国人民银行早在2020年5月份就开始进行货币的边际收缩，我们看看10年期国债收益率就大致清楚了。当前，利率已经快速攀升至3.33%，较4月底的2.51%整整提升了82个基点，不仅回到了疫情之前，其实已经回到了2019年5月的水平。

这在资本市场亦是有所反映的，虽然有所滞后。从7月12日以来，A股最大回撤在30%以上的有1661只，占比高达40.8%，如果我们把档划在20%，则最大回撤在20%以上的高达3042只，占比75%。接下来，中国人民银行还会继续边际收紧流动性，A股不存在全面牛市的基础，更要谨防不小的抛售压力。

2021年7月15日，中国人民银行宣布全面降准0.5个百分点，约释放了1万亿元资金，降准力度远超预期。降准对A股、大宗商品市场都是利好。上证指数报收3564.59点，上涨1.02%；深证成指报收15169.33点，上涨0.75%；中小100报收9834.81点，上涨0.77%；创业板指报收3537.39点，上涨1.40%。

涉及汇率，中国人民银行曾表示，当前人民币汇率形成机制具有以下五个特点。

一是人民银行退出常态化干预，人民币汇率主要由市场决定。

二是人民币汇率双向浮动。

三是人民币汇率形成机制经受住了多轮冲击考验，汇率弹性增强，较好发挥了宏观经济和国际收支自动稳定器的作用。

四是社会预期平稳，外汇市场运行有序。

五是市场化的人民币汇率促进了内部均衡和外部均衡的平衡。

有观点认为，人民币汇率的变化对于股市的影响在牛市和熊市中的作用是相反的。牛市中，汇率先行，人民币升值短期内有利于股市；而熊市中，股市先行，早于汇率。实际上，汇率涉及国际金融领域最为复杂的方面，与世界各国采取的汇率政策存在密不可分的连带关系，其中最主要的是美元对世界各国的汇率，这与美元霸权还能持续多久密切相关。

2021年11月19日，中国人民银行发布《2021年第三季度中国货币政策执行报告》。百度百科的内容解读是：2021年以来，在以习近平同志为核心的党中央坚强领导下，中国经济持续恢复发展，主要宏观指标处于合理区间，经济保持较好发展态势，韧性持续显现。2021年第三季度国内生产总值（GDP）同比增长4.9%，两年平均增长4.9%；前三季度居民消费价格指数（CPI）同比上涨0.6%，就业形势总体稳定，进出口贸易保持较快增长。

中国人民银行坚持以习近平新时代中国特色社会主义思想为指导，坚决贯彻党中央、国务院的决策部署，稳字当头，稳健的货币政策灵活精准、合理适度，搞好跨周期政策设计，保持政策稳定性，增强前瞻性、有效性，科学管理市场预期，努力服务实体经济，有效防控金融风险，为经济高质量发展营造了适宜的货币金融环境。

一是保持流动性合理充裕。2021年7月15日降准0.5个百分点，释放长期资金约1万亿元。综合运用降准、再贷款、再贴现、中期借贷便利、公开市场操作等多种货币政策工具，满足金融机构合理的流动性需求，引导货币市场利率围绕公开市场操作利率平稳运行。推动常备借贷便利操作方式改革，增强银行体系流动性的稳定性。

二是发挥好结构性货币政策工具牵引带动作用。新增 3000 亿元支小再贷款额度，加大对中小微企业纾困帮扶力度，实施好两项直达实体经济货币政策工具的延期工作，综合施策支持区域协调发展，加大对科技创新、小微企业、绿色发展、制造业等领域的政策支持力度。

三是持续释放贷款市场报价利率（LPR）改革红利。进一步发挥贷款市场报价利率的指导性作用，推动实际贷款利率稳中有降，优化存款利率监管，降低银行负债成本，持续推动各类放贷主体明示贷款年化利率。

四是以我为主，把握好内部均衡和外部均衡的平衡。深化汇率市场化改革，保持人民币汇率弹性，加强预期管理，发挥汇率调节宏观经济和国际收支自动稳定器功能。

五是坚持市场化、法治化原则，统筹发展和安全，有效防控金融风险，牢牢守住不发生系统性金融风险的底线。

总体来看，中国坚持实施正常的货币政策，把握好稳健货币政策的力度和节奏，综合研判国内外经济金融形势的边际变化以及主要经济体可能的货币政策调整，主动做出前瞻性安排，金融支持实体经济的力度保持稳固，金融市场平稳运行。2021 年 9 月末 M2 同比增长 8.3%，社会融资规模存量同比增长 10%。信贷结构持续优化，9 月末普惠小微贷款和制造业中长期贷款余额同比增速分别达到 27.4% 和 37.8%。9 月份，企业贷款加权平均利率为 4.59%，普惠小微企业贷款利率为 4.89%，分别较上年 12 月下降 0.02 个和 0.19 个百分点。货币市场利率平稳，1~9 月银行间市场存款类机构 7 天期回购加权平均利率（DR007）均值为 2.18%，与中国人民银行 7 天期公开市场操作利率仅相差 2 个基点。人民币汇率有升有贬，双向浮动，在合理均衡水平上保持基本稳定。9 月末，人民币对美元汇率中间价为 6.4854 元，较上年末升值 0.6%。前三季度，人民币对美元汇率年化波动率为 3.2%。

中国是具有强劲韧性的超大型经济体，经济长期向好的基本面没有变，发展潜力大、回旋空间广阔的特点明显，市场主体活力充足。也要看到，世界百年未有之大变局和新冠肺炎疫情全球大流行交织影响，外部环境更趋复杂严峻，国内经济恢复发展面临一些阶段性、结构性、周期性因素制约，要坚定信心，集中精力办好自己的事。

下一阶段，中国人民银行将坚持以习近平新时代中国特色社会主义思想为指导，贯彻党的十九届五中、六中全会和中央经济工作会议精神，落实《政府工作报告》要求，按照党中央、国务院的决策部署，坚持稳中求进工作总基调，完整、准确、全面贯彻新发展理念，深化供给侧结构性改革，加快构建新发展格局，建设现代中央银行制度，健全现代货币政策框架，推动高质量发展。加强国内外经济形势边际变化的研判分析，统筹做好今明两年宏观政策衔接，坚持把服务实体经济放到更加突出的位置，保持货币政策稳定性，稳定市场预期，努力保持经济运行在合理区间。

稳健的货币政策要灵活精准、合理适度，以我为主，稳字当头，把握好政策力度和节奏，处理好经济发展和防范风险的关系，做好跨周期调节，维护经济大局总体平稳，增强经济发展韧性。完善货币供应调控机制，保持流动性合理充裕，增强信贷总量增长的稳定性，保持货币供应量和社会融资规模增速同名义经济增速基本匹配，保持宏观杠杆率基本稳定。密切跟踪研判物价走势，稳定社会预期，保持物价水平总体稳定。发挥好结构性货币政策工具作用，用好新增 3000 亿元支小再贷款额度，实施好两项直达实体经济货币政策工具的延期工作，用好 2000 亿元再贷款额度支持区域协调发展，落实好碳减排支持工具，设立 2000 亿元支持煤炭清洁高效利用专项再贷款，引导金融机构继续加大对中小微企业、绿色发展等重点领域和薄弱环节的支持。健全市场化利率形成和传导机制，继续释放贷款市场报价利率改革效能，优化存款利率监管，推动小微企业综合融资成本稳中有降。深化汇率市场化改革，增强人民币汇率弹性，加强预期管理，完善跨境融资宏观审慎管理，引导企业和金融机构坚持"风险中性"理念，保持人民币汇率在合理均衡水平上的基本稳定。坚持底线思维，增强系统观念，遵循市场化、法治化原则，统筹做好重大金融风险防范化解工作。推动经济稳定恢复，努力完成全年经济发展主要目标任务。

股市之所以被称为经济发展的风向标，是因为两者之间关系紧密，且相互影响。2019年以来，由于采取了积极有效的疫情防御措施，我国在恢复经济上取得的成就世界瞩目。2019年国民经济运行总体平稳，全年GDP同比增长6.1%；2020年GDP同比增长2.3%，首超100万亿元；2021年我国GDP预计增长8.5%。在此期间，我国A股从2019年1月的最低约2500点上涨到了2021年的约3500点以上。不过，在2015年6月12日的二次熔断下，上证综指曾从5178点一直跌至2016年1月27日的2638点，这其中留下约26.6万亿元的套牢盘。

对于这次股市暴跌的原因众说纷纭，其中有人给出了五个方面的原因：一是此前股市连续上涨形成的过热；二是大量场外配资进入；三是带有高杠杆股指期货的做空；四是上市公司股东减持；五是新股发行过快。实际情况是，A股近年来更大幅度的暴涨始于2005年6月30日上证的1080点，在上证暴涨到了2007年12月28日的6124点后，便一路下跌到2008年12月31日的1664点，跌幅约73%，留下的套牢盘约有4.8万亿元。

一般认为股市市值占GDP的比值在约75%左右为合理。2005—2008年，我国A股的总市值分别是3.24万亿元、8.94万亿元、3.27万亿元和12.15万亿元。在这期间，GDP的增长情况分别是：18.7万亿元，增长11.4%；21.9万亿元，增长12.7%；27万亿元，增长14.2%；31.9万亿元，增长9.7%。如此，A股在GDP中的占比分别是17.32%、40.95%、12.11%、39.96%，从未超过75%占比的合理区间。

通过以上列举的数据可以得出的结论是，中国股市与国家的总体经济形势与政府政策紧密相关。与西方发达国家200多年的资本市场比较，毕竟中国的股市起步于1991年，至今也不过30年，缺乏管理经验在所难免。实际上，A股如今的走势依然在2008年和2015年的两次大涨和大跌的影响之下，大跌形成30多万亿的套牢资金，至今仍在影响行情的上涨。其详细数据将在后面的"市值计算与大周期量能分析"一节中列出。

五、相关市场——债市、股指期货、外盘

1. 债市

据每日财经新闻报道：自2021年10月底起，富时罗素世界政府债券指数（WGBI）将在未来36个月逐步纳入中国国债，机构预计未来36个月将有千亿美元流入中国债市。2021年前9个月外资流入中国债市的规模达到6230亿元人民币，全年流入规模有望升至8000亿~1万亿元人民币。自10月底起，富时罗素WGBI指数将在未来36个月逐步纳入中国国债。"据我们估测，纳入期间将吸引1000亿~1300亿美元被动资金流入，月均流入规模或达29亿~36亿美元。"纳入过程将分步骤在36个月内完成，届时中国国债占富时世界国债指数的权重将达5.25%。

2021年10月27日，国务院总理李克强主持召开国务院常务会议。会议决定，将境外机构投资者投资境内债券市场取得的债券利息收入免征企业所得税和增值税政策的实施期限，延长至"十四五"末期，即2025年底。摩根士丹利中国股票分析师表示，预计2021年全年北向资金将净流入500亿~600亿美元，计入QFII项下流入的资金总额将达600亿~800亿美元，约合3900亿~5200亿元人民币。

中国人民银行披露的数据还显示：截至2021年9月末，国际投资者持有中国债券规模达3.9万亿元人民币，呈现稳步上升态势。而Wind资讯数据显示，截至2020年10月28日，中国债券市场存量规模达126万亿元。

2. 股指期货

2007年1月，中国银保监会印发了《保险资金参与股指期货交易规定》。规定指出，保险资金参与股指期货交易，不得用于投机目的，应当以对冲或规避风险为目的。保险资金参与股指期货交易，任一资产组合在任何交易日日终，所持有的卖出股指期货合约价值，不得超过其对冲标的股票、股票型基金及其他净值型权益类资产管理产品资产账面价值的102%，所持有的买入股指期货合约价值与股票、股票型基金及其他净值型权益类资产管理产品市值之和，不得超过资产组合净值的100%。

2018年2月，金投网的一篇长文《股指期货与股市之间是什么关系》指出：股指期货的交易标的就是沪深300指数，所以股指期货和大盘指数呈正相关关系。股指期货实际上也是一种期货，其标的是大盘指数。股指期货的推出，为股票市场提供了一种对冲机制，其最大的作用，是使套期保值具有双边性。股指期货的交易规则和期货几乎没有差别，在开盘时间上比股市早开盘15分钟，收盘比股市晚15分钟。

一般情况下，大盘涨，股指期货也会涨，大盘跌，股指期货也会跌。反过来，我们也可以认为，股指期货涨，大盘也会涨，股指期货跌，大盘也要跌。如果立足于大盘，那么研究股指期货主力合约的动向、推测主力资金对于大盘后市的态度，有助于研究和判断大盘短期走势。

由于股指期货实行"T+0"的交易制度，即"即时买卖制度"，所以，这里也成为大资金的短线博弈主阵地。在主力合约被疯狂拉升或者遭到粗暴打压时，我们经常可以看到几十手、几百手的连续大单，这绝对不是一般散户的力量可以达到的。由此可见，主力合约有时会被某些大资金所操控，成为其别有用心的工具。

在上涨之初，主力资金也会故意打压主力合约，让市场处于一种悲观氛围之中，自己好暗中吃便宜货。这些看似简单的手法，对于普通投资人来说，却不易识破。实际上，识破这些阴谋的办法并不局限于资金监控，通过一些盘口动向，我们也可以看出端倪。例如，观察一些样板股，大单接盘则表示主力资金暗中吃货，大单暗卖则说明主力吐货。这需要我们细心地去发现、认真地去分析。

现货与期货这对矛盾统一体中，现货是矛盾的主要方面。期货源于现货并对现货有一定的反作用——熊市中主要体现为减压、缓冲，而归根结底是现货价格决定期货价格。

期货与现货行情走势究竟存在何种关系？长期以来众说纷纭。物价上涨，往往被疑为商品期货多头爆炒；股市下跌，也常常被归咎于股指期货空头行情。本书试从以下方面探讨股指期货与股市大盘走势间的辩证关系。

（1）时间先后。

股指期货与沪深300指数拟合度达99.66%。大量数据表明，日内盘中涨跌，期指常常比沪深300指数或上证综指提前一两分钟。但据此判定"期指带动股市"未免形而上学。市场调查显示，绝大多数股民出手前并不先看股指期货的"脸色"，而几乎所有股指期货投资者都随时紧盯着沪深300指数及整个A股大盘的一举一动。即使参考期指走势的股民，也不可能在期指拐点后一两分钟内完成相应操作并显示于盘面。

归根到底，基本面、政策面、资金面影响着期指与股市大盘，但并非机械地表现为"先影响甲，甲再影响乙"。由于"T+0"、双向交易、杠杆机制、行情显示刷新间隔短等特点，期市反应速度往往优于股市，导致了"期指带动股市"的错觉。但此错觉通常出于股市暴跌后"找替罪羊"的心理，股市上涨则不会归于股指期货"当领头羊"的作用。这在商品市场恰恰相反——物价下跌也不会归于商品期货的功效。

（2）力度大小。

先比"奥运魔咒"。中国股市于1990年底诞生，历经五届夏季奥运会，四次惨遭"魔咒"。股指期货上市前的2008年北京奥运会期间，上证综指从7月28日2924.45的高点一路跌至8月18日的2318.93点。而期指上市后的 2012 年伦敦奥运会期间，上证综指从 7 月 3 日 2244.83 的高点跌至 7 月 31 日的 2100.25 点。7 月 30 日与 31 日，期指主力合约、沪深 300 指数、上证综指跌幅分别为 0.35%、0.57%、0.89% 和 0.04%、0.12%、0.30%。期指跌幅和力度远小于股市，难以验证"期指推动股市"。

再比"历史点位"。股指期货上市前，上证综指自 2007 年 10 月 16 日 6124.04 的历史高位，一路跌至 2008 年 10 月 28 日的 1664.93 点。其间 1 年零 12 天跌去 4459.11 点，月均 371.6 点。2010 年 4 月 16 日股指期货上市，沪深 300 指数开盘 3388.29 点，截至 2012 年 8 月 2 日的新低 2325.61 点，近两年半跌幅 1062.68 点即 31.36%。同期上证综指从 3159.67 跌至 7 月 31 日洞穿"钻石底"创新低的 2100.25 点，跌幅 1059.42 点即 33.53%，月均下跌仅为 38.64 点和 38.52 点，月跌幅约为期指上市前那波下跌的 1/10。

两组巨大反差是否是经济大背景造成的呢？期指上市前 2007 年四季度中国 GDP 同比增长 11.2%，2008 年前三季同比增长 10.6%、10.1% 和 9.0%，而期指上市后 2010 年、2011 年和 2012 年上半年逐级下落为 10.3%、9.2% 和 7.8%，2012 年 7 月更是创下 7.6% 的三年来新低。2011 年四季度至 2012 年二季度月均资本流出 203 亿美元，远超 2008 年四季度至 2009 年一季度月均 141 亿美元的流出量，证明当时资本外流已超过次贷危机最严重的时期。正是在经济大背景更加严峻的条件下，股指期货有效减压股市下跌的幅度和力度，助力中国股市走出了绝不逊色于股指期货上市前的艰难行情。

最后横向比较。据 2010 年初全球 30 个股票市场次贷危机以来股指最大跌幅统计，包括巴西、墨西哥等 22 个推出股指期货的国家，平均跌幅 46.91%；8 个没推出股指期货的国家，平均跌幅 63.15%；而中国上证综指、深证成指跌幅分别为 72.81% 和 73.8%。

（3）量价关系。

股市量价关系主要体现于价格、成交量和资金净流入（流出）量，后者在期市演变为持仓量。两者均体现投资者对后市的研判。区别在于：资金净流入和净流出代表全体股民对大盘约2400只股票后市总体看好或看空；而持仓量则分为多头持仓和空头持仓，由于散户一般是日内平仓，故持仓量主要代表市场主力特别是多空持仓前10名、20名席位，对沪深300成分股后市的研判。

2018年六七月间，股指期货经历了一轮空方主导行情，持仓量连创历史新高，其间明显存在"下跌增仓再下行、上涨减仓涨不动"的特征。由此可见，成交量是行情发展的基本动力，成交量增加推动市场趋于活跃，成交量减少使价格变化趋于平缓。持仓量代表行情发展的"后劲"。增仓带动一波行情开始，减仓导致一波行情结束。不过持仓量作为一种公开信息，单纯利用其来研判走势进而下单获利不可持续，只能作为一种辅助参考指标。

（4）套保对冲。

空头加仓，往往被一些投资者理解为股指期货打压股市。殊不知为了引导基金、券商、银行等机构的长线资金流入股市，中国证监会针对性出台的各类"操作指引"严格规定机构只能通过空头套保来对冲其持股风险，并且套保头寸必须与其股票持仓量对等。这就使得机构面临股市下跌时只能二选一：要么增开空仓，同时买入并保持相应的股票头寸(沪深300成分股或ETF)，要么减持空仓，同时抛出相应的股票额度。

机构投资者多持中长期投资理念，其成交量占比仅5%，持仓量占比却高达35%，其中套保应在30%以上。例如，2012年期指法人账户约有1900个，按当年7月底9万手的持仓量计算，机构持仓套保应不低于2.7万手，当前一手合约对应约72万元名义金额，即套保总额约200亿元规模。虽然沪深两市流通市值16万亿元，但行情低迷，2012年7月沪深300日均成交额仅408.7亿元，200亿元约占一半。此刻如不让机构增开空仓，其为规避股市下跌就只能兑现200亿元股票抛售量，这对A股大盘的打压可想而知。

股指期货上市以来，期货围绕现货波动的偏离幅度越来越小。2010

年10月至11月因行情大起大落，期现价差波动最高超过124点，最低跌至-57点以下。而2012年4月以来期现价差已收敛至0轴上下5个点左右。相当一段时期平均价差已收敛在9点左右，令期现套利很难介入。

跌幅缩小、价差收敛，缓和了A股市场股价波动率。经计算各阶段统计量发现：2007年到股指期货上市前波动率0.0245，上市后波动率降至0.0144。但峰度从上市前4.10上升到4.34，尖峰厚尾现象略有增加。沪深300指数波动率长期以0.200为震荡中枢，峰值一度高达0.035；期指上市后因引入双向机制，其60天波动率减弱，在0.015附近形成新的震荡中枢。根据国际著名计量经济学家萧政教授等的"面板数据政策评估法"测算，证实股指期货上市降低股市波动率近20%。

（5）升贴水和套利。

市场前景取决于投资者信心，股市信心体现于股民持股，期市信心体现于合约"升水"。期指上市以来，虽期现两市总体下跌，但期指总体保持"升水"，即期货价格高于现货，远月合约高于近月。与之相反的"贴水"则屈指可数，稍纵即逝。

总体"升水"意味着保持正向套利趋势，即不管熊市牛市，买入低价股票同时卖出高价期货头寸，就可以无风险赚取其中价差。正向套利对股市形成购买力，支撑股市上行，同时修复期现价差，间接平滑股市波动。

（6）到期日回归。

买股票，就是买企业的未来；买股指期货，就是买沪深300成分股的未来。股票的未来没有日期限定，股指期货却有着明确的期限，即合约到期月份的第三个周五。投资者预测沪深300只成分股未来价格偏低还是偏高，到期日自然见分晓。故从合约到期日前3~5个交易日起，期指走势必然向沪深300现货价格逐步回归。

2012年8月17日，35亿天量资金进入股指期货第28个交割日。主力合约IF1208持仓16910手创交割前夜之最，期现指数升水9.53点。当日

IF1208 大跌 26.6 点即 1.14%，新晋主力 IF1209 及 IF1212、IF1303 跌幅均在 0.4% 上下。反观上证综指却上涨 2.69 点即 0.13%，可见股指期货到期日走势并非必然影响股市大盘。

（7）交易模式。

除套保外，期指上市也催生了真正意义上的套利，投资者经历了"上市初期遍地机会，而后逐步减少，现今偶发机遇"的演进过程。套利主要是基于一篮子股票的期现套利，此外基于 ETF 组合也有较好的尝试。

国内基金规避系统性风险、获取绝对收益的传统手法多为集中持股、大幅频繁调仓、抛售止损等，而期指时代则更多是通过期现对冲、组合 beta 值调整及程序化、数量化对冲手段。期指推出后场内基金成交量显著增长，180ETF 等也出现份额增长，初期主要源于套利，长远则更着眼于资产配置和对冲。此外，基于期现互通还可以创新资产配置、多空头、市场中性、保本策略、alpha 与可转移 alpha 策略、各类套利等多种交易模式，它们之间纵横交互，正推动中国股市逐渐远离单一追涨杀跌的初级阶段。

（8）资金流向。

沪深 300 成分股系根据流动性和市值规模从沪深两市选取，主要为银行、房地产、证券、能源、医药等大型特大型蓝筹企业。而游资经常炒作的题材股、ST 股等根本无缘沪深 300。股指期货推动资金理性流向蓝筹企业，"调结构"意义重大。

产业资本利用期指开展套保，同样有利于股市"维稳"。2012 年 1~7 月 A 股遭遇重要股东净减持 310.79 亿元，主要发生于中小板和创业板。虽然沪深 300 样本市值在近 2400 只 A 股中约占 63%，但其成分股被减持仅 58.14 亿元，占比仅 18.7%，其中 1 月、6 月沪深 300 成分股不减反增持 11.97 亿和 4.99 亿。原因之一就是其大小非通过股指期货相应对冲锁定，而减持蓝筹股对市场的杀伤力要远大于中小板。

（9）典型案例。

操纵期现两市价格变动的典型案例，首推1997—1998年香港金融风暴。在这场金融风暴中，国际炒家的典型手法是抛空港币和港股，造成汇市和股市暴跌，打压期指攫取暴利。而香港特区政府的"金融保卫战"最终顶住了国际炒家的疯狂进攻。历史充分证明这种"用现货打压期货"的伎俩不难识破，只要监管当局处置得当，操纵期现两市的阴谋根本无法得逞。

对于股市的其他投资者如何参与股指期货的交易，国家的有关规定正在不断地完善之中。国内机构，除上文提及的保险资金以外，期权、融券、期货都可以参与做空交易。散户参与股指期货需要的条件是：开设账户；满足50万元的资金要求，并在连续5个交易日内可用资金均不得低于50万元；不得有低于10次参与商品期货交易的经验；测试分数不得低于80分。

对于外资而言，2013年1月25日，第一批QFII、RQFII申请参与我国股指期货的要求，以获得中国金额期货交易所的批准，但当时其权限仅限于从事套期保值。2020年10月30日，中金所发布，从该年度11月1日起，股指期货对合格境外投资者开放。外资也可以参与直接做空交易，而无须借助富时中国A50指数了。

3. 外盘

关于A股与外盘的关系，先看一些相关的数据。据凤凰网财经2021年12月13日的消息：目前，全球股票总市值已超100万亿美元，其中美国股票总市值大约40万亿美元，中国股票市值超14万亿美元。美国上市公司数量为5700家左右，而中国刚刚突破4000家。美国股市总市值占GDP总量的150%左右，中国股票市值占GDP总量的60%左右。

此处，值得关注的是"股神"巴菲特曾在《富比士》杂志的专文中提到一个判断估值的标准，即股市总市值和GDP的比值，亦称巴菲特指数。

巴菲特认为该指标75%~90%为合理的区间，超过120%则为股市遭到高估。巴菲特指标显然属于相对指标，以此来对比中美两国的股市，显然A股更具有发展前景。

涉及美股对于A股的影响，网上有分析从三方面做过总结，认为一是与投资者的情绪有关，因为美股是全球最大的证券市场，拥有非常庞大的投资者，所以当美股市场剧烈波动时，其他资本市场的投资者的情绪就会受影响；二是受世界各国的经济关联性的影响，在全球化的大背景下，世界各国在经济上相互融合，因而美股发生了较大幅度的涨跌，必然会波及A股；三是与全球资本市场的不断扩大和资金的自由流动有关，例如，在A股市场每天都会有几百亿的北上资金或南下资金流动。

简单分析一下美股的走势和估值。2020年摩根大通曾预计，到2021年初，标普500指数将上涨约10%，达到4000点，到年底，标普500指数将进一步升至4500点。实际情况是2021年12月24日，标普500指数为4725点，基本接近预测结果。估值方面，2021年12月23日，占美股总市值约80%的标普500市盈率为26.08倍，其历史平均为32.4，最高4月8日初为41.73。同期，上证指数平均市盈率接近14倍。

同样，高盛对2021年标普500指数的预测是将能上涨逾20%。上述预测看似很有权威，不过，被忽略掉的是至2019年底，占美国股市总市值80%左右的标普500指数的市盈率就已超过30倍，如再增加20%将达到约36倍。而100多年来，美国股市的平均市盈率是17倍，高于23倍即被认为属于估值的高风险区。由此，不能不对摩根大通和高盛做出的预测质疑。因为，抵制通胀的办法除去投资本国的股市和楼市外，还可以与国际投资环境做比较。

数据显示，2020年10月，作为全球各国央行最主要的储蓄货币，美元仍能占到接近62%，尽管与其1999年的峰值72%相比，已经有了较大的下滑，欧元为20.27%。另外，2020年11月，据环球银行金融电信协会（SWIFT）的追踪指标显示，在全球支付占比中，美元占跨境支付的41.71%，而欧元占38.52%，人民币1.66%，下降至第六位。有分析认为，目前人民币的全球外汇储备份额较美元、欧元仍有差距，但从中国经济、金融发展态势来看，人民币在全球外汇储备的比重将趋于上升，预计这一进程会逐步提速。

根据环球银行金融电信协会报告，2021年12月，在主要货币的支付金额排名中，美元、欧元、英镑分别以40.51%、36.65%、5.89%的占比位居前三位。日元占比降至2.58%，从此前的第四位下滑一位至全球第五大活跃货币。2022年1月，美元在基于金额统计的全球支付货币的份额从2020年1月的40.81%下降至39.92%。

依据美元霸权理论，美国对外采取金融制裁的手段包括：第一，运用其建立起的SWIFT、CHIPS和Fedwire系统，断开制裁对象的清算与付款方式，冻结其在美财产，强迫其缴纳高额处罚；第二，通过认定某国为"汇率操纵国"以实施制裁；第三，运用标准普尔、穆迪等评级企业的全世界知名度，大幅度调低目标国或企业的资信评级，提高其资金成本等。

2018年5月，吉姆·罗杰斯曾表示，美国现在的所作所为是"搬起石头砸自己的脚"，人们会认为美国是全球历史上最大的债务国，人们会想"我们该拥有点其他什么"。由于即将到来的动荡，美元价格会上涨，最终会"迫使"其他国家的货币取代美元，成为更具竞争力的"储备货币"。

吉姆·罗杰斯预测，到2030年美元便会失去其"全球储备货币"地位。其计算方法或许采用了等比级数公式，即如果继续增加债务，并由于不再缩表，从而导致美元的年贬值率一直保持在20%，那么10年后，即便按美债23万亿美元计算，也将会贬值为仅1.14万亿美元，其计算公式为：$S_n=a_1(q_n-1)/(q-1)$，$S_{10}=23(0.81-1)/(q-1)≈1.14$。

当然，实际情况可能没有那么严重。因为，除去可以采取周期性的缩表，减少债务以外，美联储在全球发行的美元货币总量（M3 ＝ M2+ 金融债券+商业票据+大额可转让定期存单），至少已超过了100万亿美元。加之美联邦政府债务的约70%是由其国内各类机构持有，故相比之下，其中还存在一定的冗余度。

再者，如果美股能通过实施再工业化，将贸易逆差转变为顺差，以此便可降低美债风险。然而，当今时代，实现再工业化必然要与新技术革命联系在一起。而近年来，美国在这一领域的优势已不再显著，并且即便美国的新技术革命在一些领域能获得成功，由此转变成经济利益也还需要一个过程。

近几年的市场情况是，美股对A股虽然仍有短期影响，但因决定A股走势最重要的因素最基本的是上市公司业绩、宏观经济政策等因素，所以其影响趋弱，A股基本能走出自己的独立行情，而非以前的"跟跌不跟涨"。另外，从历史来看，美股走势和A股走势完全不同，美股走势整体是向上的，而A股则明显表现出牛熊的大涨大跌特征，并且熊长牛短。不过，多数业内人士认为，随着股改的不断深入，A股将来会走出一种缓慢上升的行情。

再看港股，2021年，其恒生指数的总市值约7万亿美元。与A股比较，港股虽然规模小，但其历史时间长，行情发展更为理性、成熟，对世界市场也更敏感。在沪港通以及深港通开通的情况下，资金的双向流动更便捷，两者的相关性也越加紧密。近期内，双方的流动资金均能达到几百亿元。

不过，据2022年3月16日凤凰财经报道的突发事件显示：3月15日，香港恒生指数收盘为18412.97点，下跌5.72%。沪指失守3100点，暴跌4.95%。凤凰财经提示，在美国上市中概股的跌势始于3月10日，至15日已连续3日大跌，3日的连续跌幅分别为4%、11.03%和8.19%。其中，与其相关的纳斯达克中国金龙指数与2021年2月的历史高点20893.02点相比，累计跌幅已达75.2%，收于5181.3点。

论及中概股、港股和A股的连带关系，凤凰财经引用了香港中央结算公司 2022 年 2 月末的数据，即境外机构在中央结算公司的债券托管面额环比减少了近 670 亿元。同期，渣打的数据是外资减持中国债券总计约为 803 亿元。好在，据 3 月 15 日财联社的报道，纳斯达克中国金龙指数涨了 4.5%，3 月 16 日，恒生指数收盘大幅反弹至 20087.5 港元，大涨 9.08%，A 股上证收于 3170.71 点，涨 3.84%，此次大跌的传导才告结束。至于这种表象的背后是否还存在其他方面的原因，是否与国际地缘政治相关，也令人关注。当然，另一种可能是，或许美股、港股和 A 股之间的这种关联性仅在于经济层面。

实际上，在俄乌局势和美联储 2022 年将累积加息预期的影响下，A 股上证便结束了从 2021 年 9 月中期至 2022 年 1 月中期约 4 个月长期围绕 3550 点左右的震荡，从 2022 年 1 月 13 日 3522 收盘后，连续向下突破了 1 月 25 日的 3433 点、28 日的 3361 点、3 月 9 日的 3256 点，至 15 日的 3063 点。由此可以说明，选时、选股、技术分析和估值判断还不能取代全部。

六、国家经济发展前景展望

对于国家经济发展前景，近年来，国内外许多著名研究机构都有较为深入细致的研究报告发表。这些研究报告可以分为四个方面的内容：一是国家宏观经济的发展；二是高科技领域内中美的发展预测；三是国家制造业的发展前景；四是中国资本市场的现状与发展。

1. 国家宏观经济的发展

2022 年 1 月 17 日，据新华财经消息，国家统计局数据显示：初步核算，2021 年全年国内生产总值 1143670 亿元，按不变价格计算，比上年增长 8.1%，两年平均增长 5.1%。分季度来看，一季度同比增长 18.3%，二季度增长 7.9%，三季度增长 4.9%，四季度增长 4.0%。

由此，回顾近年来我国宏观经济的发展过程如下。

2019年12月21~22日，在北京举办了"2020（第16届）中国经济形势解析高层报告会"。会议认为，中国经济运行总体平稳、稳中有进。从外部环境来看，不确定性因素有所上升。世界经济和贸易增速同步趋缓，地缘政治不稳定和经济运行风险加大。从内部环境来看，国内长期存在的结构体制性矛盾的解决需要一个过程，经济运行面临着新的下行压力，实体经济困难仍然较多，民生领域还有不少短板。

2019年，一些非政府机构也有关于中美经济实力对比的报告出炉，其做出的预测是：如按中国GDP年均增速仍能保持在约6%，美国GDP年均增速为2%计算，2027年后中国GDP总量预计将赶超美国，但人均GDP、生产效率差距仍较大，城市化水平、产业结构、金融自由度、企业竞争力、科技教育文化、居民生活与美国相比仍有较大的发展空间，军事、政治影响力仍不及美国，人均GDP仅为美国的15%，生产效率偏低，能源与粮食自给率下降，消费占GDP比重大幅低于美国，进入世界500强的企业数量略低于美国，并且以国企为主，分布于垄断行业和金融部门，而在国际外汇储备中美元仍占绝对主导地位。

2020年1月，国家统计局发布数据显示，经初步核算，2019年全年国内生产总值99.08万亿元，按可比价格计算，比上年增长6.1%，符合6%~6.5%的预期目标。分季度来看，一季度同比增长6.4%，二季度增长6.2%，三季度增长6.0%，四季度增长6.0%。国家统计局网站信息显示，2019年1~12月，全国固定资产投资551478亿元，比上年增长5.4%。2019年，社会消费品零售总额411649亿元，比上年名义增长8.0%，预期8.1%，2018年增速为9%。其中，除汽车以外的消费品零售额372260亿元，增长9.0%。2019年，我国货物贸易进出口总值31.54万亿元人民币，比2018年增长3.4%。其中，出口17.23万亿元，增长5%；进口14.31万亿元，增长1.6%；贸易顺差2.92万亿元，扩大25.4%。

2020年1月，搜狐网刊登了中国社会科学院财政税收研究中心编写的

《中国政府资产负债表（2019）》。负债表显示，中国政府总资产规模巨大且稳定，2010—2017年几乎都超过百万亿元规模，2017年超过170万亿元。平均来看，中国政府总资产大约相当于当年中国GDP的1.8~1.9倍左右。2010—2017年，中国政府负债的总规模也相对庞大，当计入社保基金缺口时，总负债规模从余额40万亿元增加到约80万亿元，与当期GDP的比值大致为100%；当不计入社保基金缺口时，总负债规模从近30万亿增加至近70万亿，与当期GDP的比值在85%左右。中国政府的总资产完全可以覆盖总负债且还有较大空间，政府资产的增长速度总体也快于政府负债的增长速度，财政风险总体可控，财政可持续性有较好的存量基础；政府财政在存量方面具有很大的潜力和空间，应更好地进行规划和拓展。

同期，来自Wind资讯的文章《一图看清中国2019年宏观经济数据》称：2019年1月17日，国家统计局公布2019年第四季度、全年GDP增速，以及12月份工业增加值、投资、消费等宏观数据。其主要内容如下。

（1）2019年GDP增速6.1%，其中四季度增速6.0%，与三季度持平。

（2）2019年固定资产投资增速5.4%，较前11个月加快0.2个百分点；2019年民间固定资产投资增速4.7%，较前11个月加快0.2个百分点。

（3）2019年全国房地产开发投资增速9.9%，比前11个月回落0.3个百分点。

（4）2019年社会消费品零售总额同比增长8.0%。其中12月同比增长8.0%。

（5）2019年12月M2同比增8.7%，预期8.4%，前值8.2%；12月人民币贷款增加1.14万亿元，同比多增543亿元；12月份社会融资规模增量为2.1万亿元，比上年同期多1719亿元。

（6）2019年出口17.23万亿元，增长5%；进口14.31万亿元，增长1.6%；贸易顺差2.92万亿元，扩大25.4%。

（7）2019年规模以上工业增加值同比增长5.7%。其中12月同比增长

6.9%。

GDP方面：经初步核算，2019年全年国内生产总值990865亿元，按可比价格计算，比上年增长6.1%，符合6.0%~6.5%的预期目标。分季度来看，一季度同比增长6.4%，二季度增长6.2%，三季度增长6.0%，四季度增长6.0%。分产业来看，第一产业增加值70467亿元，比上年增长3.1%；第二产业增加值386165亿元，增长5.7%；第三产业增加值534233亿元，增长6.9%。

投资方面：2019年1~12月，全国固定资产投资（不含农户）551478亿元，比上年增长5.4%，增速比1~11月份加快0.2个百分点。从环比速度来看，12月份固定资产投资（不含农户）增长0.44%。其中，民间固定资产投资311159亿元，比上年增长4.7%，增速比1~11月份加快0.2个百分点。分产业来看，第一产业投资12633亿元，比上年增长0.6%，1~11月份为下降0.1%；第二产业投资163070亿元，增长3.2%，增速加快0.8个百分点；第三产业投资375775亿元，增长6.5%，增速回落0.2个百分点。

房地产方面：2019年1~12月份，全国房地产开发投资132194亿元，比上年增长9.9%，增速比1~11月份回落0.3个百分点，比上年加快0.4个百分点。其中，住宅投资97071亿元，增长13.9%，增速比1~11月份回落0.5个百分点，比上年加快0.5个百分点。此外，2019年商品房销售面积171558万平方米，比上年下降0.1%，1~11月份为增长0.2%，上年为增长1.3%。其中，住宅销售面积增长1.5%，办公楼销售面积下降14.7%，商业营业用房销售面积下降15.0%。商品房销售额159725亿元，增长6.5%，增速比1~11月份回落0.8个百分点，比上年回落5.7个百分点。其中，住宅销售额增长10.3%，办公楼销售额下降15.1%，商业营业用房销售额下降16.5%。

消费方面：2019年全年社会消费品零售总额411649亿元，比上年名义增长8.0%（扣除价格因素实际增长6.0%，以下除特殊说明外均为名义增长），预期 8.1%，2018 年增速为 9%。其中，除汽车以外的消费品零售额 372260 亿元，增长 9.0%。2019 年 12 月份，社会消费品零售总额 38777 亿元，同比增长 8.0%，预期 7.8%，前值 8%。其中，除汽车以外的消费品零售额 34349 亿元，增长 8.9%。

外贸方面：2019 年，我国货物贸易进出口总值 31.54 万亿元，比 2018 年增长 3.4%。其中，出口 17.23 万亿元，增长 5%；进口 14.31 万亿元，增长 1.6%；贸易顺差 2.92 万亿元，扩大 25.4%。其中，2019 年 12 月的数据，以人民币计，出口同比增长 9%，预期增 2.9%，前值增 1.3%；进口增长 17.7%，预期增 8.6%，前值增 2.5%。以美元计，出口同比增长 7.6%，预期增 4.9%，前值降 1.1%；进口同比增长 16.3%，预期增 10%，前值增 0.3%；贸易顺差 467.9 亿美元，前值 376.2 亿美元。海关总署表示，从初步的分析来看，2019 年全年我国仍然有望继续保持全球货物贸易第一大国的地位。

金融数据方面：2019 年 12 月 M2 同比增 8.7%，预期 8.4%，前值 8.2%；2019 年 12 月人民币贷款增加 1.14 万亿元，同比多增 543 亿元；12 月份社会融资规模增量为 2.1 万亿元，比上年同期多 1719 亿元。具体如下。

（1）12 月末，M2 余额 198.65 万亿元，同比增长 8.7%，增速分别比上月末和上年同期高 0.5 个和 0.6 个百分点；M1 余额 57.6 万亿元，同比增长 4.4%，增速分别比上月末和上年同期高 0.9 个和 2.9 个百分点；M0（流通中货币，即在银行体系以外流通的现金）余额 7.72 万亿元，同比增长 5.4%。全年净投放现金 3981 亿元。

（2）全年人民币贷款增加 16.81 万亿元，同比多增 6439 亿元。分部门来看，住户部门贷款增加 7.43 万亿元，其中短期贷款增加 1.98 万亿元、中长期贷款增加 5.45 万亿元；非金融企业及机关团体贷款增加 9.45 万亿元，其中短期贷款增加 1.52 万亿元、中长期贷款增加 5.88 万亿元、票据融资增加 1.84 万亿元；非银行业金融机构贷款减少 933 亿元。12 月份，人民币贷款增加 1.14 万亿元，同比多增 543 亿元。

（3）初步统计，2019年社会融资规模增量累计为25.58万亿元，比上年多3.08万亿元（社会融资规模统计口径有所完善）。其中，对实体经济发放的人民币贷款增加16.88万亿元，同比多1.21万亿元；对实体经济发放的外币贷款折合人民币减少1275亿元，同比少2926亿元；委托贷款减少9396亿元，同比少6666亿元；信托贷款减少3467亿元，同比少3508亿元；未贴现的银行承兑汇票减少4757亿元，同比少1586亿元；企业债券净融资3.24万亿元，同比多6098亿元；政府债券净融资4.72万亿元，同比少1327亿元；非金融企业境内股票融资3479亿元，同比少127亿元。12月份社会融资规模增量为2.1万亿元，比上年同期多1719亿元。

工业增加值方面：2019年12月份，规模以上工业增加值同比实际增长6.9%（以下增加值增速均为扣除价格因素的实际增长率），增速比11月份加快0.7个百分点。从环比来看，12月份，规模以上工业增加值比上月增长0.58%。1~12月份，规模以上工业增加值同比增长5.7%。分三大门类来看，12月份，采矿业增加值同比增长5.6%，增速较11月份回落0.1个百分点；制造业增长7.0%，加快0.7个百分点；电力、热力、燃气及水生产和供应业增长6.8%，加快0.1个百分点。

就业率方面：2019年全年城镇新增就业1352万人，连续7年保持在1300万人以上，明显高于1100万人以上的预期目标，完成全年目标的122.9%。12月份，全国城镇调查失业率为5.2%，2019年各月全国城镇调查失业率保持在5.0%~5.3%之间，实现了低于5.5%左右的预期目标。全国主要就业人员群体25~59岁人口调查失业率为4.7%。12月份，31个大城市城镇调查失业率为5.2%。2019年末，城镇登记失业率为3.62%，比上年末降低0.18个百分点，符合4.5%以内的预期目标。年末全国就业人员77471万人，其中城镇就业人员44247万人。全年农民工总量29077万人，比上年增加241万人，增长0.8%。其中，本地农民工11652万人，增长0.7%；外出农民工17425万人，增长0.9%。农民工月均收入水平3962元，比上年增长 6.5%。

2020年1月6日,《麦肯锡2019中国报告》发布。报告指出:中国已凭借其庞大的经济体量跻身全球大国之列。中国在2013年跃居全球第一大商品贸易国,拥有110家《财富》世界500强上榜企业,与美国的数量相当。而且,无论作为外商直接投资(FDI)的目的国还是对外投资来源国,中国都已跻身全球前两位。然而,中国经济尚未实现与世界的全方位融合。中国企业的绝大部分营收仍然来自本国市场。国际企业进入中国金融市场时,依然要面对运营与监管方面冗杂的掣肘因素。尽管中国蓬勃的数字经济产生了海量数据,但跨境数据流的规模仍然较为有限。

论及未来的经济发展前景,2020年6月,"功成于韧——大变革时代的中国信念"新浪财经云端峰会举行,中国国际经济交流中心副理事长黄奇帆出席并演讲。对于未来的10年,他认为世界和中国有五个基本格局五个大趋势不会变。一是全球化大趋势不会变;二是世界经济中心东移的大趋势不会变;三是新科技革命对世界的变革的大趋势不会变;四是中国进一步改革开放的大趋势不会变;五是中国经济内在的巨大活力、潜力的格局不会变。

2020年11月15日,包括中国、日本、韩国、澳大利亚、新西兰和东盟十国共15方成员签署了《区域全面经济伙伴关系协定》(RCEP)。这一协定是目前全球规模最大的自由贸易协定,它显示了地区国家以实际行动维护多边贸易体制、建设开放型世界经济的意愿,并且对于深化区域经济一体化、稳定全球经济具有标志性的意义。

2021年3月,麦肯锡发布了《2021中国消费者报告》。报告显示,中国的消费者对于经济复苏的乐观度为50%,而美国仅约22%。涉及线上购物,有55%的中国消费者表示会永久性地增加线上购买食品的比例。对于远程教育,有25%的受访者表示乐于让子女接受这种学习方式。采访中发现有2/3的受访者表示更加关注产品安全,1/3的受访者表示将会更加关注消费的场所和金额。在品牌消费上，有45%的受访者表示将更加注重，而在法国、德国、日本该比例仅略高于10%。

报告还显示，疫情下中国消费者出现了四个趋势。一是线下购物在缓慢恢复；二是销售渠道在向线上、线下便利店和药店转移；三是消费者增强了对于健康和健身的重视；四是线下部分商店的忠诚度有所下降，随之线上销售额却有了大幅度增长。

2021年12月4日，在国际金融论坛（IFF）第18届全球年会上，黄奇帆指出："双循环"新发展格局中以内循环为主，意味着未来中国经济运行将有五个新特征。

一是中国将形成更具韧性、更有质量效益和更加安全的工业体系。中国将通过扩链、补链、强链形成具有全球竞争力的产业链集群。

二是中国将从高度依赖外循环国际市场转向更多依赖内循环国内市场、依赖国内经济循环体系。未来随着中等收入人群进一步增加，中国超大规模市场优势将进一步凸显。

三是由追求产品市场高效流通为主转向追求要素市场更高效率配置转变。外循环拉动下拼的是要素的投入程度，内循环驱动下拼的是要素的配置效率，要有深层次的供给侧结构性改革，并建立更完善的社会主义市场经济体制。

四是随着一批新型研发机构的加快培育，单方面被人"卡脖子"的情况会有较大改变，同时从基础研究到技术开发再到产业化的创新链条也将加速形成。

五是人均可支配收入对GDP的占比将有较大幅度提升。劳动力收入占GDP的比重到2030年预计或上升到50%，2035年以后达到52%。随着居民可支配收入的增加，预计到2035年现在4亿中等收入群体会增加到8亿，6亿的低收入群体会减半，内需消费能力将大大提高。

黄奇帆强调，以内循环为主的新发展格局，不是"内卷""躺平"，而是更大范围、更宽领域、更深层次的对外开放,是要形成内外循环相互促进的新格局,在此情况下,中国对外开放格局也会形成各方面的新特点。如中国经济将从引进外资为主转变为引进外资和对外投资并重;从扩大出口为主转变为既鼓励出口又鼓励增加进口双向并重;从沿海地区开放为主转变为沿海沿边内陆协同开放、整体开放、东中西同步开放;从关贸总协定和WTO框架下的货物贸易为主转变为货物贸易和服务贸易共同发展;从融入和适应全球经济治理体系为主转变为积极参与甚至引领国际投资与贸易规则的制定修订。

2. 高科技领域内中美的发展预测

2016年6月,搜狐网刊登了美国公布的一份长达35页的《2016—2045年新兴科技趋势报告》。该报告是在过去五年内,由美国政府机构、咨询机构、智囊团、科研机构等发表的科技趋势相关研究调查报告的基础上提炼出来的。其目的在于,一方面是帮助美国相关部门对未来30年可能影响国家力量的核心科技具有总体上的把握能力;另一方面是为国家及社会资本指明科技投资方向,以确保美国在未来的战略优势。

该报告通过对约700项科技趋势的综合分析,最终明确了20项最值得关注的科技发展趋势。这20项科技是:物联网、机器人与自动化系统、智能手机与云计算、智慧城市、量子计算、混合现实、大数据、可穿戴设备假肢药物等人类增强技术、网络安全、区块链等社交网络、先进数码设备、新材料、太空科技、合成生物科技、3D打印之增材制造、生物医学、新能源、新型武器、食物与淡水科技,以及对抗全球气候变化。

其中,对于第三项技术智能手机与云计算,报告认为,到2030年,全球75%的人口将会拥有移动网络连接,60%的人口将会拥有高速有线网络连接。对于第五项技术量子计算,报告说,在未来的5~15年里,一款有实用意义的量子计算机可能将会制作完成。届时,气候模拟、药物研究、材料研制、量子加密都将能取得重大突破。

2020年2月,搜狐网刊登了一个名为《美国科学与工程指标2020：中国等经济体的进步正影响美国的全球地位》的报告。涉及中国部分,报告称：中国科学和工程类出版物数量继续位居全球首位,中国学者是美国学者的最主要的论文国际合作对象。从科学和工程类论文等出版物的产出数量来看,中国在全球各国中继续保持首位,2018年共发表52.83万篇科学与工程类论文。如果把欧盟28个国家视为一个整体的话,欧盟在全球范围内的出版物产量最高,中国位列其后,其次是美国。欧盟、中国、美国、印度、日本和韩国共同贡献了全球超过70%的科技出版物。

中高研发强度较低的行业包括化学品（不包括药品）、运输设备（不包括飞机）、电气和其他机械设备、信息技术服务以及科学仪器。在这些中高研发密集型行业中,2018年的全球产出接近5.8万亿美元。2003—2018年,美国的产出从约6000亿美元增加到1.25万亿美元,但其全球份额下降至22%,中国占全球产量上升至26%,欧盟和日本的份额也有所下降。

此外,报告还特别关注了各国建设和拥有超级计算机的情况。报告认为,许多知识和技术密集型行业都依赖于超级计算机,是反映一个国家科学技术能力,尤其是开发人工智能能力的一个重要指征。在2010—2019年间,中国在全球百台最强大的计算机中所占的份额从5%上升至9%,美国则从43%下降至37%,但美国仍是全球拥有最先进的超级计算机最多的国家。

报告指出,2018年,中国、日本、韩国的专利族占比位列全球前三,其中,中国贡献了全球49%的专利族。此外,全球56%的专利族都是电气工程和机械工程相关的专利。美国专利商标局（USPTO）的美国市场上受保护专利数据显示,美国发明人获得了USPTO专利的近一半（47%）,日本（16%）、欧盟（15%）和韩国（6%）也占很大的比例,而中国则获得了5%。

2018年,全球风险投资基金中,约44%投向美国企业,36%投向中国企业，两者合计约占八成。在美国，风险投资主要集中在移动技术、人工智能、大数据、工业和金融技术领域。其中，人工智能投资自2013年以来增长最快。在中国，约一半以上投向了包括软件业在内的信息通信技术领域。

2020年6月，黄奇帆在中国金融科技云峰会上，以《5G背景下的金融科技的特征和发展路径》为主题，做了系统的发言，内容包括：云计算、大数据、人工智能和区块链的概念；金融科技发展的教训和应遵循的原则；产业互联网和产业互联网金融的定义；金融科技发展的主体是产业互联网金融；产业互联网金融的发展模式和原则；产业互联网金融的服务目标是中小微企业金融市场，解决中小微企业融资难题。

在第二个问题中，他提到了网络贷款公司规范运行的五大基本原则：一是资本信用原则，需要有较大的自有资本金；二是信用规范原则；三是信用杠杆原则，任何时候都应控制在1：10左右；四是放贷征信原则，其中包括互联网产业的产业链信用、全场景信用，不能无约束、无场景地放贷，甚至到校园里搞校园贷、为买房者搞首付贷；五是大数据风控处理原则，涉及平台拥有强大的技术基础，能形成大数据、云计算、人工智能的处理技术，这样就可以把控风险，形成较低的不良贷款率，并由此有条件为客户提供相对低的贷款利率，形成网络贷款良好的普惠金融能力。

在第五和第六个议题中，他谈到全球目前有60余个万亿美元级的产业集群，可与数字化结合，实现数字化转型。根据测算，仅在航空、电力、医疗保健、铁路、油气这五个领域引入数字化支持，假设只提高1%的效率，那么在未来15年中预计可节约近3000亿元，平均每年约200亿元；如果数字化转型能拓展10%的产业价值空间，每年就可以多创造2000亿元以上的价值。国内消费互联网在2014年以后进入缓慢增长期，实际已经接近天花板，现在渐渐进入了拐点。目前，国内还没有什么产业互联网企业崭露头角。

产业互联网综合运用互联网、AI、物联网、大数据、区块链、云计算等新一代技术手段，深入企业生产、研发、销售等内外各个环节，力图将每家企业都变成信息驱动型企业，并进行互联，从而提高产业的整体效率。产业互联网与消费互联网有着明显的区别，比如，产业互联网是产业链集群中多方协作共赢，消费互联网是赢者通吃；产业互联网的价值链更复杂、链条更长，消费互联网则集中度较高；产业互联网的盈利模式是为产业创造价值、提高效率、节省开支，消费互联网盈利则通常是先烧钱补贴再通过规模经济或增值业务赚钱；等等。消费互联网金融只是科技金融发展的初级阶段，基于产业互联网的金融才是科技金融的高级阶段主战场。今后科技金融的主战场就是产业互联网金融平台公司。

2020年5月，有中科院背景的北京元芯碳基集成电路研究院宣布碳基新型半导体材料研制成功，实现了对目前主流硅基半导体的弯道超车，并将该成果在世界顶级学术期刊《科学》(Science)上发布。这种新型材料在物理、电子、化学和机械方面具有特殊优势，其成本更低，耗能更小（比硅基材料节约30%），且效率更高，并更适合在高温高辐射的环境下工作。硅基半导体的技术节点或称极限值，是1.5~2纳米。北京元芯碳基集成电路研究院的下一个目标，是在2~3年内完成90纳米碳基CMOS先导工艺开发，性能上相当于28纳米硅基器件。虽然这项新技术距离产业化应用尚远，还需要面对芯片设计设备、生产流程管理等许多难题。然而，《科学》杂志在同期发表的另外研究成果表明，使用可伸缩的DNA生物模板来制作纳米级的电子图形，将有望取代光刻技术形成纳米图形，从而摆脱光刻机。而如果碳基芯片把集成电路技术推进到3纳米节点以下，其性能将会超越硅基芯片10倍以上。中国的芯片产业规模虽然只有美国的1/9，但是中国政府决心打破美国的主导地位，在"中国制造2025"期间将投资超过300亿美元，以实现国内的扩大再生产。

在量子通信方面，中国明显已走在了美国的前面。而在量子计算方面，

2012年，美国物理学家约翰·普雷斯基尔将其称为"量子霸权"。2019年，谷歌第一个宣布实现了量子优越性。谷歌造出的"悬铃木"包含53个量子比特的芯片，花了200秒对一个量子线路取样一百万次，而现有的最强的超级计算机完成同样的任务需要一万年。2020年12月4日，中国科学技术大学宣布潘建伟等人已成功构建76个光量子计算原型机"九章"。在同样的赛道上，"九章"比"悬铃木"快一百亿倍，这也就意味着我国在量子计算上实现了"量子霸权"。

至于有关5G通信的核心技术标准，中国华为公司也早已迎来了世界许多国家的认可。布鲁金斯学会最近的一份报告指出，中国已成为世界领先的人工智能监控国家。并且，根据世界知识产权组织的最新报告，未来三年，中国将在技术专利申请数量方面超过美国。

3.国家制造业的发展前景

作为"世界工厂"和制造业第一大国，在工业部门，中国拥有39个工业大类、191个中类、525个小类，是世界上唯一拥有联合国产业分类最全的国家。工业品产量占世界第一的有生铁、煤炭、粗钢、水泥、电解铝、化肥、化纤、平板玻璃、工程机械、汽车、摩托车、彩电、电冰箱、空调、手机、集成电路、纺织品等。农副产品产量占世界第一的有粮食、棉花、食用油、肉类、鱼类等。在基础设施方面，中国的世界第一包括高速公路、地铁、水运、港口、隧道、电网等。

涉及产业方面的竞争，早在2011年，美国就颁布了先进制造伙伴计划（AMP），目标在于"确保美国在先进制造业中的领导地位"，其后，又提出了再工业化和制造业回归的口号；德国则是提出了"德国2020高技术战略"；英国提出"英国工业2050战略"；日本提出"物联网和机器人战略"；法国提出"未来产业"规划；韩国制订了"未来增长动力计划"；等等。其目的都是促进本国制造业未来的发展。

值得关注的基础产业自然还有石油。来自德国《世界报》的报道称：

目前，石油美元体系已经建立40多年了，在美元废除金本位制后，也帮助美元重返了"世界货币"之王座地位。但如今，石油美元体系正在逐渐瓦解中，石油美元车轮或将慢慢脱落，世界多国对美元又再次失去信心，有选择新的储备货币或石油货币的需求。人民币计价的原油期货合约预料将推动2018年全球原油期货交易量创下历史新高，并进一步削弱国际上两大最为活跃原油合约（布兰特及WTI合约）的市占率。中国新诞生的人民币原油期货合约面世以来每日成交量稳步走升，日交易量表现强劲，并取得了原油期货交易量全球前三的成绩，全球油市中占比达到6%。中国版的原油期货正在打破美元定价石油的格局，"不论是俄罗斯还是迪拜，此前对石油美元发起的挑战都失败了，但人民币成功做到了迄今为止别人没有做成功的事情"。

2020年8月，多家媒体报道了《财富》世界500强排行榜揭晓的消息。美国的沃尔玛连续第七年成为全球最大公司，中国石化仍位列第二，国家电网上升至第三位，中国石油位列第四，而壳牌石油下降至第五位。这年排行榜最引人注目的变化无疑是中国公司实现了历史性跨越：中国大陆（含香港）公司数量达到124家，历史上第一次超过美国（121家）。加上台湾地区企业，中国共有133家公司上榜。

在25家新上榜和重新上榜公司中，中国公司有8家，分别是上海建工、深圳投资控股、盛虹、山东钢铁、上海医药、广西投资、中国核工业和中煤能源。中国大陆公司平均销售收入达到669亿美元。不过，上榜的124家中国大陆企业平均利润不到36亿美元，约为美国企业70亿美元的一半。平均销售收益率为5.4%，低于美国企业的8.6%，平均净资产收益率为9.8%，低于美国企业的17%。

2020年10月，金融界刊登了《2020—2025最具发展潜力行业研究报告》。报告显示，房地产行业位居最具发展潜力行业排行榜第二。其中，房地产经纪行业人才需求旺盛，近四年需求复合增长率达22%，远超全行业水平。此外，房地产经纪行业人才吸引力强劲，高学历、高收入将成为房地产经纪行业人才新趋势。

报告还显示，2020—2025年最具发展潜力的五大行业分别为互联网/IT/电子/通信、房地产、制造业、金融业和专业服务。从需求指数来看，房地产、制造业、互联网行业人才需求潜力排名前三；从薪酬指数来看，金融业、房地产、互联网行业薪酬潜力排名前三；从吸引力指数来看，互联网、制造业、专业服务、批发/零售/贸易、房地产行业吸引力排名前五；从黏性指数来看，互联网、制造业、房地产行业黏性排名前三。

报告认为，国内一线城市已经进入房地产存量时代，北上深二手房交易占比近70%，未来将迎来存量的全国化；同时，房地产经纪服务的渗透率将由2019年的47.1%提升至2024年的62.2%。2017—2020年，房地产经纪行业本科及以上人才需求占比由26.7%上涨到40.2%，房地产经纪行业整体人才质量提升需求迫切。房地产经纪行业人才需求Top20城市的平均年薪近12万元，比国家2019年平均薪酬水平高32%。

2020年11月，中国社会科学院中国产业与企业竞争力研究中心和社会科学文献出版社在京联合发布了《产业蓝皮书：中国产业竞争力报告（2020）No.9》。报告分四部分。第一部分为总报告，对中国"十三五"期间产业竞争力的情况和提升经验进行总结，并展望了"十四五"的产业竞争力变化趋势。第二部分为产业篇，重点对纺织服装、钢铁、化工、医药、电子信息、新能源、平台经济、大数据、教育、金融、旅游等典型产业在"十三五"期间的竞争力变化及未来的发展进行了分析探讨。第三部分是地区篇，评估了京津冀、长江经济带、黄河流域地区、粤港澳大湾区、东北地区的制造业和服务业竞争力。最后一部分为专题篇，包括国家中心城市营商环境评价、中国新型基础设施建设和部分国家的企业生产率比较等内容。

蓝皮书指出，"十三五"期间，我国产业发展的国内外环境和条件发生了巨大变化，在各种不利因素的冲击下，重点产业竞争力总体上仍然稳中略有上升，展现了我国产业规模上、体系上、成本上、创新上、抗打击和抗冲击能力上的综合优势。总体上来看，新兴产业，高技术行业，能够代表新工业革命发展方向和符合我国新发展阶段、满足小康生活需要的产业的竞争力水平不断提升，而部分传统产业、低技术含量产业、高耗能和高污染产业、不适应新工业革命发展趋势和不满足高质量发展要求的产业出现竞争力回落的趋势。

2021年10月，搜狐网刊登了由中国工业互联网研究院组织相关专家编写的《中国工业互联网产业经济发展白皮书（2021年）》。白皮书详细测算出了19个具体行业和各省、自治区、直辖市及各大重点区域的最新数据，并结合典型应用案例，详细阐述了工业互联网在重点行业的应用现状，最后归纳探讨了我国工业互联网产业发展的挑战和机遇。

白皮书的数据显示：我国工业互联网产业增加值规模再创新高。据测算，2020年我国工业互联网产业增加值规模达到3.57万亿元，名义增速达到11.66%，预计2021年工业互联网产业增加值规模将达到4.13万亿元。工业互联网产业增加值规模占GDP比重呈现稳步增长趋势，预计2021年工业互联网产业增加值规模占GDP的比重将上升至3.67%，工业互联网逐步成为国民经济增长的重要支撑。

工业互联网促进产业结构不断优化、助力我国就业升级。据测算，2020年我国工业互联网直接产业增加值规模为0.95万亿元，带动就业603.86万人，新增就业38.79万人；渗透产业增加值规模为2.62万亿元，带动就业2126.60万人，新增就业181.37万人。我国工业互联网正在加速同各行业深度融合，以产业升级带动我国就业升级。

工业互联网带动各行业增加值规模持续提升。2020年工业互联网带动第一产业、第二产业、第三产业的增加值规模分别为0.056万亿元、1.817万亿元、1.697万亿元。工业互联网对制造业带动作用显著，2020年工业互联网带动制造业的增加值规模达到 1.49 万亿元，蝉联榜首，带动增加值规模超过千亿元的行业已达到 9 个，展现出工业互联网给行业发展注入的强劲动力。

各地区加快推进工业互联网创新发展，齐头并进。2020 年长三角地区工业互联网产业增加值规模遥遥领先，高达 8953.22 亿元，珠三角地区和西南地区次之；2020 年我国主要功能区域工业互联网增加值规模保持较高增速，西南地区最高，达到 13.88%，预计 2021 年增速将进一步提升。2020 年全国 11 个省市的产业增加值规模超千亿元，东部地区工业互联网发展活跃，广东、江苏、山东、浙江尤为突出。

4. 中国资本市场的现状与发展

据新浪财经报道，第十七届中国国际金融论坛于 2020 年 12 月 17~18 日在上海举行，工银国际资深经济学家王宇哲出席会议并发言，主题是"我国债股比失衡、股权融资比重低，应大力发展直接金融"，具体谈了以下三个方面的问题。

第一，中国资本市场和中国经济的关系。30 年前，中国经济占全球 GDP 比重在 2% 左右，现在中国经济已经是全球第二大经济体了，占全球 GDP 的比重约为 16%，可以说 30 年来取得了举世瞩目的成就。同期的中国资本市场也伴随着中国经济成长以一个明显的加速度进化，当前也已成为全球第二大资本市场。如果从体量来看，确实当下中国资本市场相对规模仍略滞后于经济规模。但如果看交易量或者各类流量指标，比如说募资额、融资规模等指标，中国资本市场在全球已经开始扮演举足轻重的角色。这是过去 30 年中国经济带动中国资本市场大发展的最好诠释。从制度变迁来看，由以发展为导向到以制度建设为中心的理念转变，是宏观维度的变迁。从中观维度也可以看出，制度是一步步建立起来的，在资本市场发展和逐步成熟过程当中确实碰到了一些挫折，因为资本市场本身就是市场经济相对活跃的部分。在经济市场化程度没有那么高的时候，发展资本市场历程中难免遇到一些相互之间的摩擦或者冲突。而从微观维度来看，对于资本市场规则的强调和重视，已经成为监管层和市场参与者的共识。

第二，中国资本市场发展不仅和中国经济宏观体量有非常大的关系，其对中国企业和中国资产的意义也非常重大。中国境内外上市公司大概在7000家左右，但总体企业数量超过4000万，真正能够上市的可以说是万里挑一。一段时间以来，由于一些制度等因素，部分代表中国经济活跃度、增长前景好的公司选择在海外上市，这也在一定时间内使得国内投资者难以有充分机会完全分享中国资产中一些先进标的的成长红利。但随着过去两年金融开放进入快车道后，我们有信心认为未来双向开放的中国市场将成为水大鱼大的市场。

第三，回望30年中国资本市场发展历程，有三个重要方向是宝贵经验的提炼，那就是市场化、法治化、国际化。在全球经济金融的大变局中，比如在"双循环"和"构建新发展格局"的进程中，一方面金融服务实体经济的本身职能将更加凸显，另一方面中国资本市场也会成为经济转型非常大的驱动力。当人均GDP突破1万美元之后，金融资产再配置会是长线主题，中国资本市场的未来发展值得期待。

第三章 技术分析方法的演进

一、常用的几种技术分析方法

技术指标可以分为趋势指标、波动指标、背离指标、强弱指标、纠错指标、路径指标、差异指标和量能指标等。其中，趋势指标为最重要的一类指标，波动指标反应最快，为先行指标，量能指标涵盖的范围非常广泛。另外，周期作为时间尺度，可分为分时、短期、中期、长期等指标，与投资者的持股与操作密切相关。一方面，任何在短期内的随机波动指标在变为长周期时，也都会具有趋势指标的性质；另一方面，实战中以上各类指标还需要相互配合使用。

在很多情况下，使用技术分析的要领是以模糊数学的思维，做出模糊逻辑的判断。进一步来说就是，关注盘面的反技术走势同样非常重要。因为，科学分析方法通常采用的是"周期递推"分析法，并且动态趋势又由多级的静态构成，所以技术分析与政策和消息之间的相关性是，重大的突发事件将会改变技术图形的运行趋势。再者，技术分析不能取代包括政策、消息、行业动态、资金流向等的"盘面分析"与估值分析。下面就从股指分析常用的 VOL 量能指标、K 线指标、MA 均线指标、切线理论、KDJ 指标、MACD 指标、布林线指标、波浪理论与江恩理论、形态分析等多个方面分别进行介绍。

1.VOL 量能指标

股市中有很多俗语，其中比较经典的如：量为价先；利空出尽是利好；横有多长，竖有多高；会买的是徒弟，会卖的是师傅；牛市不言顶，熊市不言底；反弹不是底，是底不反弹；选股不如选时；多头不死，跌势不止，空头不死，涨势不止；涨时重势，跌时重质；百日见底，三日见顶（指大行情）；久盘必跌；见利好就出货；熊市"慢跌快涨"，牛市"快跌慢涨"；股市中只有两种人不赚钱——犹豫不决和贪得无厌；行情在绝望中产生，在犹豫中发展，在欢乐中死亡……

这些是对于成交量的通俗和形象的描述。需要注意的是，"量为价先"虽然一直被人们重视和推崇，但是其所指基本是比较连续的短期量能形态和变化，而并未注意到长周期或大周期的量能对于股市走势的影响。从更宽的视角来看，论及股市的量，实际涉及多个方面，例如：短周期的累积日成交量；所谓密集成交区内的量（在几周或几个月内）；大周期内的量（跨年度的量）；场内的存量资金；场外游动资金的量；其他涉及大盘、行业和个股的各种量，如IPO、解禁值、基金发行、盘面量比、内外盘和换手率等。

在同花顺的股市交易系统中，成交量的指标有VOL、多周期成交量、虚拟成交量、外盘、内盘和盘后成交量等。其中常用的指标是VOL和换手率。其实，多周期成交量更为重要，但对于统计和观察来说是比较困难的。量能指标的类型又可以分为两种，一种是形态指标，是指由数日内成交量整体呈现出的形态，另一种是单纯的数量指标。如果要单纯显示日成交量的变化，应用中可按5日、10日、60日周期设定指标参数（一般软件仅设置5日和10日）。市场上的规律是，上涨初期需要大成交量，但上涨末期的大成交量则意味着行情将会结束。

首先看观察量能的形态指标。该指标主要是揭示数日内成交量的形态变化与股价的关系。在形态上，有一种方法是将其分为分时单独量峰、量堆、圆弧形量能、量三角托与量三角压，并强调近 5 日换手率最好达到 40%、近 5 日成交量要有所放大、买入的当天最好是量能最大的一天、尾盘买入时不要离 5 日线太远、尾盘买入时最好结束洗盘。对于上述四种形态的解释如下。

（1）分时单独量峰是指在分时走势中突然出现大单通吃，瞬间放出巨量独峰，但随后又没有持续量能跟进的现象。这种情况经常发生在拉升的过程中，是庄家自行对敲拉升价格的惯用手段。

（2）量堆是指在某一段时间内，交投异常活跃，成交量持续性放大，形成明显的一个堆。这种状态如出现在底部，则说明庄家建仓明显、热情高涨；如出现在拉升过程中，则说明人气旺盛、交投活跃；如出现在顶部，则说明人气旺盛、庄家迫切出货。

（3）圆弧形量能是指在价格运行过程中，上涨明显放量与下跌明显缩量时，所生成的一个较为规则的圆弧形态。这种成交量形态显示出上涨时抢筹明显，回调时则惜售明显，是一种积极的量能形态，与之对应的往往是一波较大的上涨行情。

（4）量三角托是三条成交量均线（通常用 5 日、10 日、20 日均线）依次上穿"金叉"所形成的，代表量能的稳步放大，往往意味着一波上涨行情的开始。反之，量三角压就是三条成交量均线依次下穿"死叉"所形成的，代表量能的逐步递减，往往意味着上涨的结束和下跌的开始。

其次看数量指标换手率。股市中有一些相关的口诀流传很广，例如其中的八字口诀是：量增价升，买入信号；量减价升，继续持有；量增价平，转阳信号；量平价升，持续买入；量减价跌，卖出信号；量平价跌，继续卖出；量增价跌，弃卖观望；量减价平，警惕信号。

股市有"量为价先"和"天量天价"两个说法，不过，很多人只关注日成交量，而并没有注意到密集成交区的量。实际上，正式的密集成交区的量，包括了比较多的获利盘和套牢盘，要远比日成交量更加重要。所谓密集成交区的量是指，价格的水平线在横穿股指不同波动拐点区间时，所形成交点的集合。交点集合越多，说明量能越大。这种交点集合既是上涨的阻力位，也是下跌的支撑位。而不同价位上密集成交区的量的大小与重要性也有区别。不同的穿越价格拐点的水平线之间，距离越大，量能也越大，同时作为支撑或阻力的能量也越大，反之亦然。

　　密集成交区的概念与通常所说的箱体震荡既有区别，又有联系。箱体震荡描述了股指在两个密集成交区之间的状态，而密集成交区显示的是股指在某一价格水平上量能的聚集程度，等同于同花顺中的技术指标"筹"。如图3-1所示，为市场的阻力位和支撑位与密集成交区的关系。

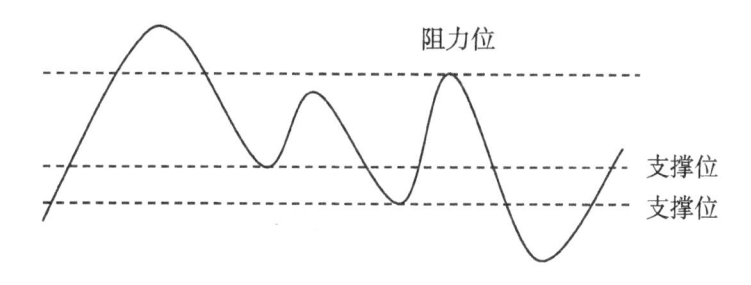

图 3-1　市场的阻力位和支撑位与密集成交区的关系

　　当用日成交量判断行情走势时，密集成交区的作用除可以衡量支撑位或压力位的强弱之外，应用时也需结合黄金分割理论和经验数据，即上涨的幅度可参考黄金分割原理，而下跌中可参考经验数据。一般中级下跌为10%~15%，大级别下跌为20%以上，超大级别则能达到约70%左右。下跌中，当成交量逐渐萎缩至前期高点的一半时，则意味着行情将企稳。对密集成交区的判定也需参考月线。

　　市场对于换手率的判断标准并不统一。一般认为日换手率在3%属于冷清、不活跃；2日换手率在3%~7%属于活跃；3日换手率大于7%属于非常活跃；5日换手率在10%~15%属于高度活跃，预示行情可能会逐步启动，但此种情形并不多见，而 5 日换手率在 20% 以上的则是很极端的情况。还存在一种情况是，当有巨量放出，换手量同时也很大时，股价却没有上涨。这其中有两种可能，一是庄家做假，二是资金博弈。不过，好在现在的行情软件或炒股软件均能显示出其真实的交易情况。

一般的量能分析认为，股价在上涨初期和中期需要量价配合，但是在股价上涨的后期，则并不能认为放出巨量后还会有持续的行情，此时随之而来的往往是股价下跌。反之，股价在下跌的过程中，没有放过巨量的下跌并不是底部，只有在下跌的后期，当成交量持续减小后，真正的底部才会出现。所以不能去机械地理解"量为价先""有天量必有天价"这些话的含义。需要注意的是，广义的量的概念不仅包括成交量的大小，也可以包括其他诸如 K 线、均线等图形的长短、高低、倾斜度、角度、频度的技术指标的状态。

量能线是股价在密集成交区范围内的水平支撑线与阻力线，即股市行情软件中的"筹"与"焰"。量能线与 K 线中的缺口或连续的十字星具有类似的平台作用。注意，多个阻力位或支撑位之间垂直距离的变化，可称为水平震荡频率的高低，也能成为判断行情反转的依据。量能线有效突破的标准同样是涨跌需要超过 3%，并且持续超过 3 天。对于缩量上涨的解释是，前期已经放过巨量，或者行情已经被庄家控盘。最后还需注意的是，所谓"天量天价"指的是牛市的初期，而非牛市的末期。

谈到资本市场属牛或熊的问题，这其中既需要做定量的技术分析，也需要做定性的综合分析。技术性分析是指应用各种技术手段做定量分析，而非技术性的综合分析是指对于政策、资金、宏观经济运行的基本状况，以及其他环境和影响因素的分析。这里需要认清的是两者之间的相关性。要知道，对于股指的运行而言，所有非技术性因素的历史数据都已经刻录在现有的技术图形之中，而技术图形未来的变化，将仍然会是今后可能随机发生的所有非技术性因素和现有技术性因素共同作用的结果。

2.K 线指标

股市中仅常用的技术分析指标就有很多，其中 K 线被使用得非常早。K 线又称为日本线，据说是起源于 200 多年前的日本。使用 K 线的要点在于：第一，它能直接地显示出开盘、收盘、最高和最低 4 个价格；第二，K 线的上下十字星影线能指明盘中瞬时的最高和最低价，或者是横盘的价格；第三，通过 K 线组合分析，可以判断出股市的短期走势。不过，其难点在于 K 线组合分析复杂，据说有 72 种之多，不易掌握。

K 线指标是一种离散的价格差异指标，包括 K 线形态、K 线组合、K 线与量能的配合，需要通过组合分析的方法来判断行情的变化。其中，带量的跳空缺口可预示行情的突变。另外，K 线也可与均线配合使用，如通过其与 5 日均线的位置变化来判断行情。

（1）K 线形态。即所谓 M 头、W 底、U 形反转、V 形反转、圆弧顶或底等，由 K 线组合所显示出的短期趋势，应用中如能与其他技术指标结合使用，可靠性会更高。

（2）K 线组合。由于 K 线是由价差的点阵图构成，所以使用中常常需要对其进行组合分析，并分为趋势中组合与拐点组合。应用中，可以主要关注大阳或阴线、三连阳或阴、缺口、十字星等。需要注意的是，K 线拐点组合的重要性大于趋势中的组合，例如所谓一阳或阴穿 5 线等图形所具有的意义。另外需要注意出现"三个向下"，以及未补缺口以后的技术性反弹，也就是所谓"三而竭"，即衰竭性缺口。实际上，"三而竭"的规律不但在 K 线理论中存在，在趋势分析和均线分析中同样存在。例如，长期均线对于短期均线的支撑或压制作用一般也会遵循"事不过三"的原则。

（3）K 线与量能的配合。以对日 K 线头肩底形态的判断为例，下跌过程中，如已经形成了头肩底的形态，判断行情是否会有效反转的条件是右肩的高度应超过左肩，并且右侧的成交总量和日均成交量均应大于左侧。

分析其他头部或底部形态的方法类似。左右肩理论对于重要的 60 天均线也同样适用。如图 3-2 所示，为股指处在底部时，其形态变化对于走势的影响。

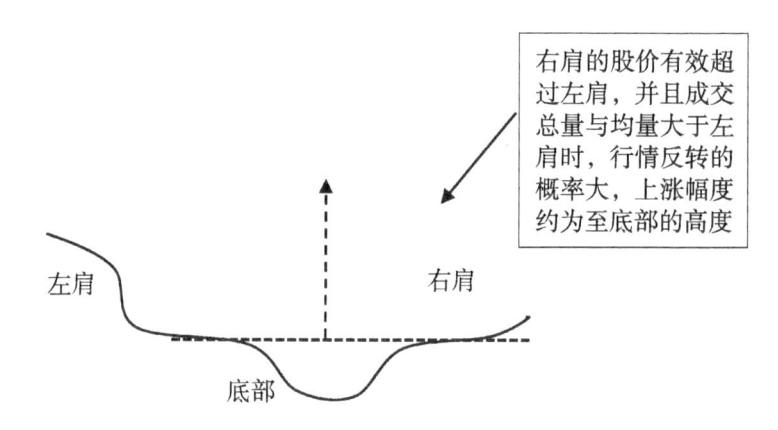

右肩的股价有效超过左肩，并且成交总量与均量大于左肩时，行情反转的概率大，上涨幅度约为至底部的高度

左肩　　　右肩

底部

图 3-2　股指处在底部时其形态变化对于走势的影响

有关 K 线组合的口诀也有很多，例如：突破缺口向北行，成交量大把它擎；岛形反转在底部，加仓买入别回吐。底部身怀六甲形，请试探抢入筹码；底部螺旋桨现形，只是等待风吹响。涨势尽头线出现，就要下跌把你陷；降势三鹤落图上，三阳做客喜洋洋。多方尖兵真是凶，插入空方阵营中；底部出现红三兵，均线之上北斗星。两个黑夹着一红，多方可能要走熊；顶部一见十字长，快快离场求安稳；等等。

如果从技术分析组合的角度看待 K 线，可以简化使用 K 线，其不足可用其他技术指标替代。这样做，关注点可放在以下几个方面。

（1）向上或向下的跳空缺口，这显示行情可能有了较强烈的变化。

（2）大阳线或大阴线的出现也具有一定的方向性，但力度小于跳空缺口。

（3）一字或十字星，显示了多空的一种均衡态势。

（4）带长上影线或下影线的十字星，预示行情会向长上影线或下影线的反方向运行。对于趋势指标，应用时需要进行组合分析，并与 K 线指标相配合。

3.MA 均线指标

（1）利用 5 日、10 日、20 日的股价平均值曲线的组合分析。即通过其中二条或三条相邻均线的交叉点，在形态上形成的所谓"金叉"或"死叉"判断股价行情。用短期均线形成的"金叉"或"死叉"判断股价短期行情，用长期均线形成的"金叉"或"死叉"判断股价长期行情。实际上，"金叉"或"死叉"可以被看作一种动向指标。值得注意的是，60 日均线被专家称为生命线，其含义是，一旦 20 日与 60 日均线形成"金叉"或"死叉"，则股指会有较大和较长时间的上涨或下跌。另外，也需注意不要被假的"金叉"所欺骗。如图 3-3 所示，是由三个相邻短期日均线构成的真假"金叉"。

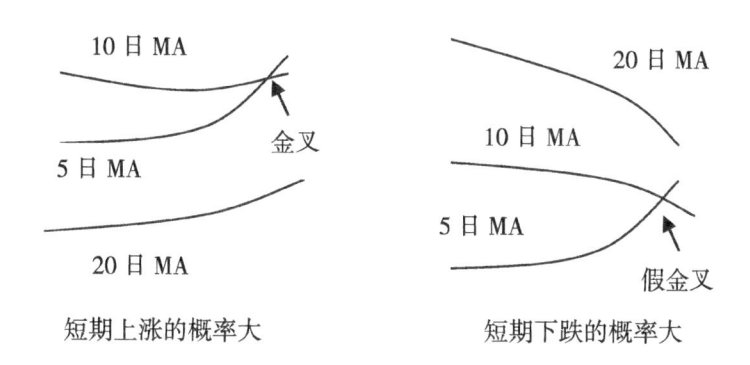

图 3-3　由三个相邻短期日均线构成的真假"金叉"

（2）启涨或启跌点分析。60 日均线之所以被称为生命线，是因为该均线的走势不但能显示出行情的强弱，而且往往也是大级别变盘的前兆。如图 3-4 所示，为三个中期日均线可能的变更形态。

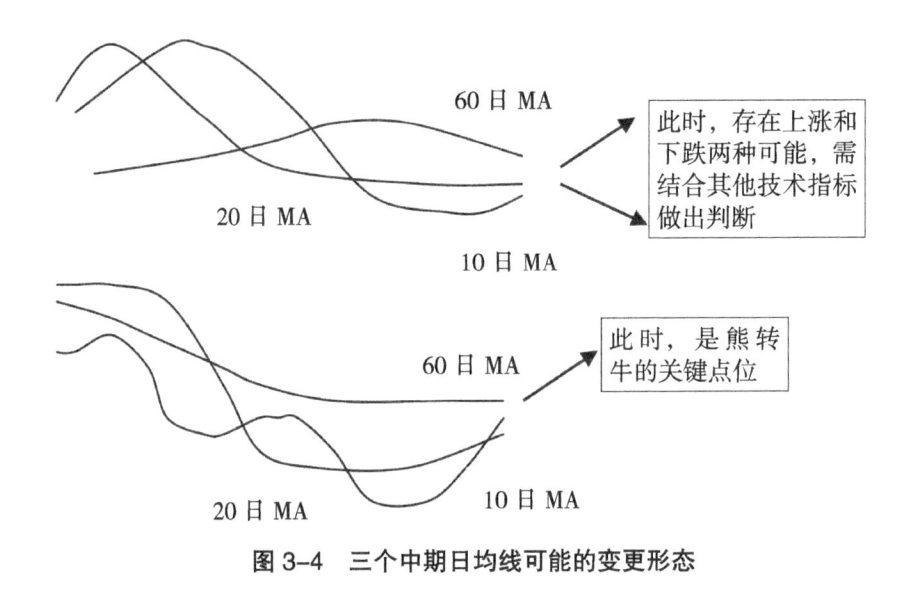

图3-4 三个中期日均线可能的变更形态

与K线相比较，均线的特点是平滑和连续。不过，两者要想掌握好都不容易，用K线理论分析行情需要熟记K线组合，用均线理论分析行情同样也需要掌握多种复杂的线性组合形态。

如果与波浪理论做比较，其实均线理论也与股价走势的波形有关。两者的不同在于：波浪理论的预测方法是通过分析股价波浪形态与时间周期之间的关系，判断行情的走势；均线理论则是通过分析多条不同均线之间的形态关系，判断行情的走势。均线中出现的"金叉"和"死叉"实际上蕴涵着行情变化的速度和强度，而且与趋势有真假一样，"金叉"和"死叉"同样也有真假之分。此外，按不同周期走出的均线，实际上代表了在不同时间段介入的投资成本。所以，均线之间存在的分散与黏合以及压制与支撑的关系，也完全可以作为判断行情的依据。

（3）涉及有关牛熊转换的问题，如按均线理论表述，问题会比较简单。均线理论认为：在移动平均线MA的日线图中，如果被称为生命线的60日线正在或者已经与120日线（或称半年线）形成"金叉"，并且被称为牛熊分界线的120日线也由原来向下，逐渐走平，甚至转而向上，即为熊转牛的标志。一般情况下，此时如果再有量能和其他长期均线走势的配合，则反转的趋势将更加可靠。反过来情况也一样。而相对保守的观点是，当120日的半年线与250日的年线之间形成"金叉"时，就可以被看成是出现了牛市，并且只有当1年线与2年线之间形成"金叉"时，牛市才算得到了确认。这种观点实际上是将行情可能出现的反复考虑在内了。如图3-5所示，为激进派的牛熊转换示意图。

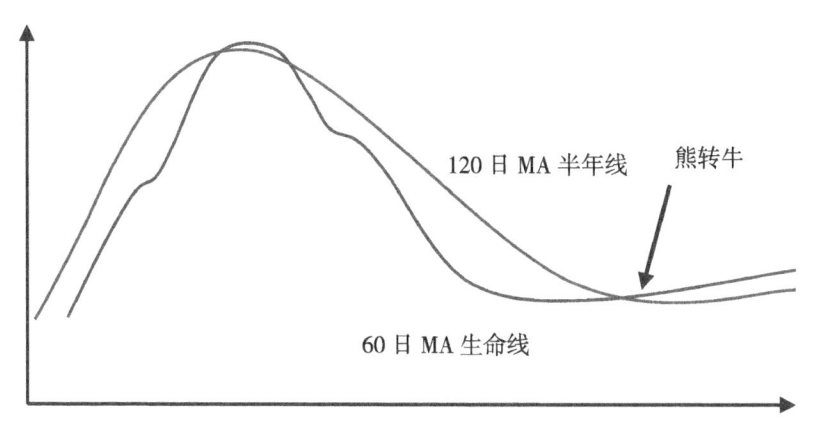

图 3-5　激进派的牛熊转换示意图

当然，不同风险承受能力的人会根据不同的分析方法来操作。对于股市的长期变化规律，长线投资者使用周线、月线或者年线的MA来分析股价的走势，而绝大多数做短线的投资者则更习惯于按短期均线，如5日、10日或20日的MA线，或是按更短的分时图，如30分钟或60分钟的分时图来操作，也有些更激进的投资者甚至连短期的分时图也不看，而只按趋势线所显示的重要点位来操作。

至于为何要将60日均线称为生命线、将120日均线称为牛熊分界线，是因为根据我国T+0和10%的日涨跌停板制度，一般的统计规律显示，在短期均线的多头排列中，如果股价向下击穿了20日均线，相对于前期高点，短期内下跌幅度将可能会在5%左右；如果股价击穿60日均线，则下跌幅度将可能会在10%左右；如果股价击穿120日均线，并转为熊市，则下跌幅度将可能会达到20%以上。

（4）均线的支撑与阻力。行情上涨中，长期均线对于短期均线的向下调整有支撑作用，支撑的次数视行情的强弱而定，一般为1~3次；行情下跌时，情况相反，长期均线对于短期均线的向上反弹有阻碍作用，阻碍的次数一般也为1~3次。从某种意义上来说，与波浪理论中的推进浪和下跌浪比较，不同周期的均线所具有的支撑与阻力作用也存在相似性。

对于日线而言，支撑位与阻力位的有效突破标准是涨跌需要超过3%，并且持续超过3天。而均线的支撑与阻力也是相对的，即一旦某个阻力位被突破后，该阻力位就会变成支撑位，反之亦然。

（5）均线的黏合与发散。在某一时间段内，当多条均线发生黏合或者呈现发散状态，往往预示着有一波较大的上涨或者下跌的行情出现，该现象被称为共振。例如，股市中历来有"横有多长，竖有多高"的说法，指的就是，长期横盘的结果会使多条均线黏合，从而导致一轮大的上涨。另外，"横有多长，竖有多高"的说法也恰好与所谓"江恩箱"的理论一致。由此看来，江恩理论只在局部成立还是有根据的，因为股指的运行不可能总是按照这种连续的箱体形态进行。

均线的发散意味着在某一段时间范围内投资人入市成本差距的扩大，由此导致的必然结果是部分获利丰厚的资金的流出和股指的下跌。该现象反映在技术图形上，就是均线在发散后，必然还要回归。

（6）在30分钟的均线中，如将指标按20、40、120、480设置，其显示的则是2.5日、5日、15日、60日的结果。这样便可得到比看日线更为清晰的观察效果。同样变一下数据，对60分钟的设置也一样。

4. 切线理论

切线理论主要是通过一条相邻高股价的连接直线，与另一条低股价的连接直线形成的上升、下降或走平的形态，来判断行情趋势，相当于由两条直线形成的"金叉"或"死叉"。同时，由四条或五条相邻直线连接中高点和低点会被看作股指的支撑位或压力位。如图 3-6 所示，就是按切线理论定义的压力或支撑位。

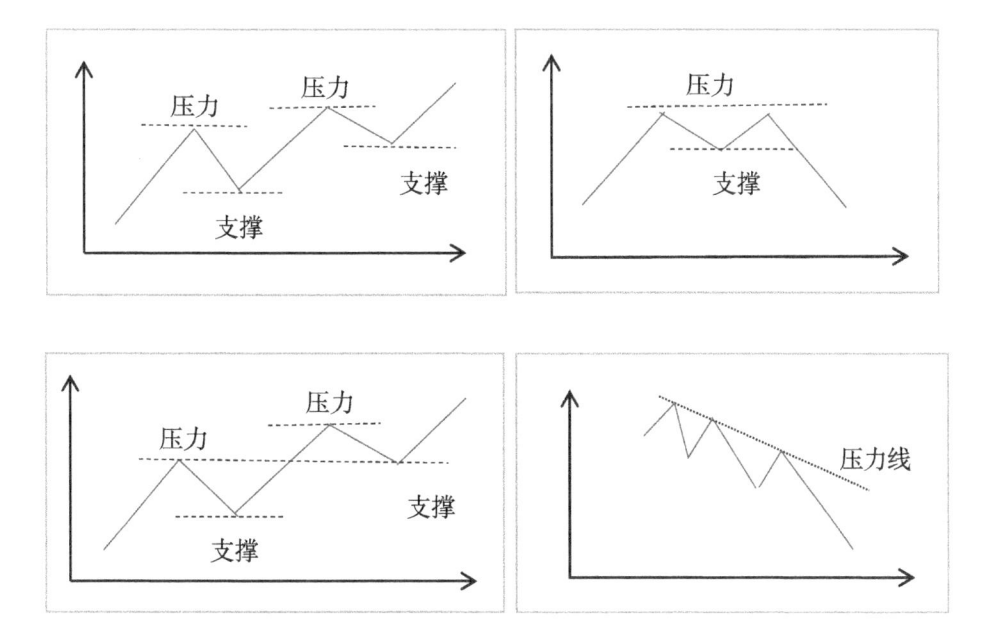

图 3-6　按切线理论定义的压力或支撑位

实际操作中，按切线理论的原则还能画出更多类似的图形，如需进一步了解，可参考由学林出版社出版、尚真编著的《看盘中级班》。切线理论值得关注的要点是压力线和支撑线处于同一水平的状态的出现，这样的线所具有的压力或支撑作用会更强。并且，这也更像是同花顺技术分析形态中显示的"筹"或"焰"的状态，其表示有多个高点、低点和中间点都已在此聚集，因此，这也是具有更强压力或支撑作用的密集成交区。

5.KDJ 指标

KDJ 指标是一种随机指数，具有一定趋势指标的作用，可动态地显示行情的强弱。

该指标最早由乔治·蓝恩博士首创，被应用于期货市场。KDJ 指标使用方便、判断直观，其计算公式为：n 日 RSV=（Cn-Ln）÷（Hn-Ln）

×100。其中，Cn 为第 n 日收盘价，Ln 为 n 日内的最低价，Hn 为 n 日内的最高价，RSV 是"未成熟随机值"。具体的计算方法是：（收盘价－数日内最低价）÷（数日内最高价－数日内最低价），然后再求得百分比 RSV。这样 RSV 值就会始终在 1~100 间波动。

有人认为 KDJ 指标之所以来自风险大的期货市场，是因为它很适用于短线交易。其实，这纯属误解。这是因为，所有技术指标都可按年、季、月、周、日、120 分钟、60 分钟、30 分钟、15 分钟、5 分钟、1 分钟，分别画出图形，所以，KDJ 指标不存在只适用于短线操作的说法。实战中，30 分钟 KDJ 走完一个周期大约可显示约 2~6 小时的行情，其所具有的参考价值的重要性不言而喻。当然，这仅是理论上的经验数据。实战中，30 分钟 KDJ 可能走了半个周期后就返回了，也可能在底部、中部或顶部出现钝化，或者其指标并未按大约 45?角上下运行，而是按更大或更小的角度涨跌。不过，即便出现这些情况，也可通过改变周期或采用其他指标来判断行情，或者通过认真分析，也能从中得到合理的解释或启发。

这里需要顺便说明的是，所谓量化分析的广义概念，不仅指带有数学模型和确定数值或数据的分析，也应包括细化分析和模糊判断。

KDJ 指标的计算方法有以下四个特点。

（1）指标的计算结果是一个经二次运算后得出的相对值，类似于物理学中的矢量加速度，如此指向性更强，所以被称为一种动量指标。

（2）指标将估值的运行范围限制在了一个相对固定的周期内，相当于波浪理论中的一个波次，并且比浪形变化较多的波浪理论更容易掌握。

（3）指标含义具有乖离率的概念，比均线指标更容易显示出股价偏离均线的程度。

（4）在重要的交易操作时，以 5 分钟的 KDJ 作为依据更可靠，可获得的收益可能会更高。不过，这也是与投资者的持股周期密切相关的。

6.MACD 指标

MACD 指标也被称为平滑异同移动平均线，是一种趋势指标，可反映长期和短期 MA 的黏合与分离的状况，以及多空双方力量的对比，显示行情的背离。长周期可能更有效，行情盘整时无效。

MACD 指标是由美国的杰拉德·阿佩尔和福雷德·海奇尔提出的，被称为是一种矢量指标。其计算公式涉及 EMA、DIF、DEA、BAR 几个指标，其中 EMA 是移动平均指标，DEA（黄线）是 DIF（白线/黑线）的移动平均值，计算公式是：DIF=EMA（12）-EMA（26）。柱状线 BAR 用于表示 DIF 和 DEA 之间距离的差值，计算公式是：BAR=2X（DIF-DEA）。MACD 指标是由两线一柱组合形成的，柱状线用于判断多空趋势。柱状线在中轴线上方以红色显示，表示趋势强；在中轴线下方以绿色显示，表示趋势弱。

实际上，与 KDJ 类似，MACD 指标也等于进行了 2 次运算，或称双重平滑运算。与 KDJ 相比，MACD 的特点是指向性更为稳定，而其红色和绿色柱状线类似于在显示量能。红色柱状线出现表示做多；绿色柱状线出现表示做空。色柱状线拉长或堆积表示信号在加强。相同周期或时段的 MACD 的节奏略慢于 KDJ。实际应用中，MACD 自然也具有周期性，一般规律是 30 分钟的 MACD 大约可显示 8 小时的行情。最为重要的是，当周线级别的 MACD 处于底部或顶部时，其预示的行情将会出现一次长时间的翻转，短则一个月左右，长则可能有近一年的时间。

另外，MACD 指标也并不存在适于做长线的说法，选择用什么周期或时段分析行情完全在于个人的需要。很简单，这也与股市中常说的"左侧"交易或"右侧"交易一样，在日线中采用"右侧"交易，其实在 60 分钟周期内就是"左侧"。

7. 布林线指标

布林线指标即 BOLL 指标，属于路径指标，显示出的是一种在动态的通道中行情的变化。布林线由约翰·布林所创造，利用统计原理，求出股价的标准差及其可信赖区间，从而确定股价的波动范围及未来走势。布林线设计的中轨线就是简单的移动平均线，一般选用20时段。上下轨线通过中轨增大或减小2倍标准差计算出。价格的标准差，或称波动率，是布林线指标的核心。布林带上下限不固定，是随股价滚动而变化的。

不同于单纯依赖数值计算类的技术分析手段，布林线指标利用股价通道方式，以显示股价的各种价位，是股价趋势理论的一种直观的表现形式。除均线外，布林线指标同时还将K线纳入其中。一般情况下，股价的运动总是围绕某一价值中枢，如均线、成本线等在一定的范围内变动。股价通道的宽窄是随股价波动幅度的大小而变化的，而且股价通道本身又具有变异性，它会随着股价的变化而自动调整。

应用中，当股价波动很小，处于盘整时，股价通道会变窄，这可能预示着股价的波动处于暂时的平静期；当股价波动超出狭窄的股价通道的上轨时，预示着股价异常激烈的向上波动即将开始。反之，当股价波动超出狭窄的股价通道的下轨时，同样也预示着股价异常激烈的向下波动将要开始。

正是由于布林线指标具有灵活性、直观性和趋势性等特点，所以该指标也是投资者广为使用的热门指标之一。与KDJ等动能性强的指标比较，布林线指标的反应速度较慢。不过，只要缩短观测周期或时段，问题就可以解决。

有人将使用布林线的操作手法概括为以下8条。

（1）当价格运行在BOLL中轨和上轨之间的区域时，只要价格不跌破中轨，说明市场处于多头行情中，此时人们可考虑的交易策略就是逢低点买进，不考虑做空。

（2）当价格运行在BOLL中轨和下轨之间的区域时，只要价格不冲破中轨，说明市场处于空头行情中，此时的交易策略就是逢高点卖出，不考虑买进。

（3）当价格沿着BOLL上轨运行时，市场为单边上涨行情，该情况下一般为爆发性行情，持有多单的一定要守住，只要价格不脱离上轨区域就耐心持有。

（4）当价格沿着BOLL下轨运行时，市场为单边下跌行情，该情况一般为一波快速下跌行情，持有的空单只要价格不脱离下轨，要做的也是耐心持有。

（5）当价格运行在BOLL中轨区域时，表现为震荡行情，市场会在此区域上下震荡。该行情对于做趋势的投资者杀伤力最大，往往会出现亏损。此时可采取的交易策略是空仓观望，回避这一段震荡行情。

（6）BOLL通道处于缩口状态。当价格经过一段时间的上涨和下跌后，会在一个范围内进入震荡休整，震荡的价格区域会越来越小，BOLL通道表现为上、中、下三个轨道缩口。这种状态为大行情来临前的预兆，此时人们采取的交易策略只能是空仓观望。

（7）BOLL通道缩口后呈突然扩张状态。当行情在BOLL通道缩口状态下经过一段时间的震荡休整后，BOLL通道会突然扩张，这意味着一波爆发性行情已经来临，从此之后行情便会进入单边行情。在此情况下投资者可以积极调整自己的仓位，顺势建仓。

（8）BOLL通道中的假突破行情。当BOLL通道经过缩口后，在一波大行情来临之前，往往会出现假突破行情，这可能就是教科书上常说的"空头陷阱"或"多头陷阱"。操盘者应警惕此情况的出现，较好的方法是通过控制仓位预防风险。

布林线理论中，最核心的内容是如何深入地理解"上下轨线通过中轨增大或减小2倍标准差计算出。价格的标准差，或称波动率，是布林线指标的核心。布林带上下限不固定，是随股价滚动而变化的"这句话的含义。其中，股价2倍的标准差实际上就是简单地替代了黄经分割点的0.618，其反映出的最终还是本书所反复强调的持股人的心理规律。

8.波浪理论与江恩理论

传统的技术分析方法有几十种之多，其中波浪理论属于最为复杂的一类。以黄金分割率和所谓神奇的斐波那契数列为理论基础，波浪理论认为，股市中，一个完整的波浪周期由8个浪构成，上升阶段有5个浪，下跌阶段有3个浪。上升阶段5个浪的过程是：1浪上升，2浪回调，3浪上升，4浪回调，至5浪上升，其中3浪被称为主升浪。上升阶段5个浪的结束，就是牛市的结束。下跌阶段3个浪的过程是：A浪下跌，B浪反弹，至C浪下跌，其中C浪下跌为主跌浪，幅度远大于A浪下跌。下跌阶段3个浪的开始，就是熊市的开始。从时间维度上来看，每组浪之间的时间间隔点都符合斐波那契数列；从价格维度上来看，每组浪上升与下跌的幅度又与黄金分割率相吻合。

另外，波浪理论还认为，波浪还能再细分，即所谓浪中有浪。这就是说，如果将上述的8个浪看成是一个中级浪，那么，它又可被看成是构成另一个更大的浪的1浪上升和2浪下跌。并且，这个中级8浪中的每一个浪，又由34个小浪构成。这其中，熊市周期中的小浪涨跌过程与牛市相反，即A浪下跌由5个小浪构成，B浪反弹由3个小浪构成，C浪下跌也由5个小浪构成。如此，该理论至少已经描述了一个存在三层嵌套关系的"浪中浪"。换一个视角，这也可以看成是存在一种嵌套的周期。

依照波浪理论，一般的牛市周期为3~5年，熊市周期为2~3年，然而，实际上影响市场波动周期的因素有很多，并且各国的情况也不相同，所以难以给出精确的结论。在图3-7中，细曲线所示为多个小浪，粗曲线所示为一个中级8浪，虚直线所示为一个大1浪的上升和一个大2浪的下跌。

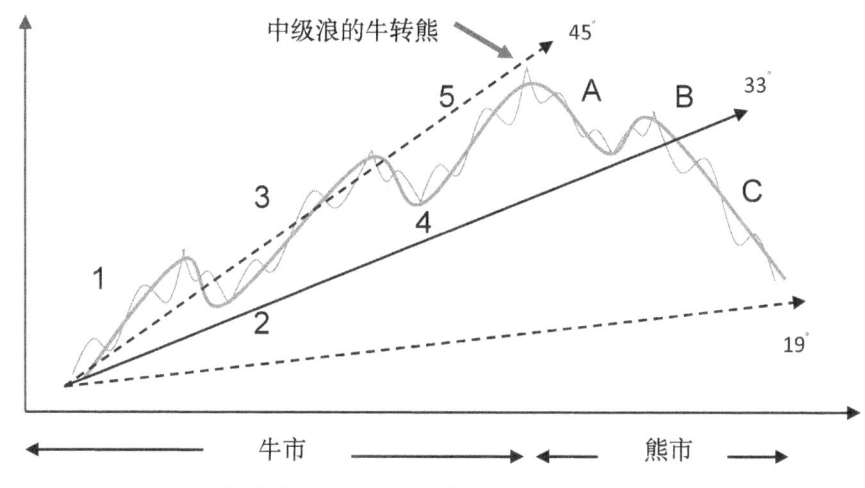

图 3-7 按传统波浪理论描述的牛熊转换以及"浪中浪"的构成

对于这种浪中有浪的多重结构,有专家将其归结为近十几年来新发展起来的所谓"分形数学"的理论范畴。其简单的含义是,不规则图形的局部与整体之间有自相似性的特征,并且这种特征普遍地存在于自然地貌、生物形态和宇宙星辰的分布之中,可以说无处不在。

此外,一种更为格式化的波浪理论是黄金螺旋线理论。该理论认为,股价波形的发展是按一个向上的斜度,沿一条连续向外延伸的黄金三角形或黄金矩形的 3 个或 4 个顶点的平面螺旋渐开线的半径展开的,同样也可以画出波浪的多层结构。也就是说,在第一个螺旋渐开线的半径内,可以划分出一个小的 8 浪;在第二个螺旋渐开线的半径内,可以划分出一个中级的 8 浪;在第三个螺旋渐开线的半径内,可以划分出一个大的 8 浪。

实际上,黄金螺旋线理论是一种纯理论化的数学模型,并引入了含有三角函数的数学公式:$A=\sin\left(D\times\dfrac{\pi}{18}\times\dfrac{1}{L}\right)\sqrt{L}$。

根据黄金螺旋线理论,股市中出现的任何波形,如头肩顶、M 顶,以及一个完整的 8 浪,均可用几个标准的数学波形经过叠加后构成。上式中,A 代表幅度,D 代表角度,L 代表时间周期,波形的不同,取决于 D 和 L 取值的不同。

在实际应用中，波浪理论往往是与被称为"金融几何学"的江恩理论相配合的，即利用所谓"江恩箱"（时间与价位构成的正方形）、"江恩角度线"（时间与价位的对角线）和"圆形"（时间与价位构成的角度）来分析波浪的趋势，以及细分股价上涨或下跌的阻力位或支撑位。江恩的"圆形"理论，实际上是黄金螺旋理论的一种简化模式。

江恩理论认为，股价的涨落与时间周期之间存在极为密切的相关性，即股价的每一次高点和低点的出现都会遵循一个固定的时间节奏，循环发展，并且"循环中又有循环"，而所有的预测就是依据这种循环周期和数学序列做出的。按照这种理论，人的情绪受月亮和太阳的运行周期的影响，因此，对于投资者而言，只要能正确地选择股价已经出现的高点和低点的位置与时间点，就能够根据下一个时间周期的起始点和终结点，推算出下一个高点或低点的位置。

由此，人们可以联想到的是，如果将上面所说的"分形数学"看成是物质世界在空间结构上整体与局部具有的自相似性，那么黄金螺旋线理论所指的"循环中又有循环"就是物质世界在时间周期上的"类比嵌套"。

不过，还应当看到，与波浪理论和江恩理论有着更为直接关联的是社会统计学、心理学。具体来说，其分析方法的基础是，股价的上涨和下跌与绝大多数投资人的心理承受能力和操作节奏有关，即与 0.618 和 0.382 的黄金分割点相吻合，符合一种社会统计学的规律。斐波那契数列是源于几何黄金分割法的一种算术表达式。而如果一定要在自然现象、人的心理情绪和股市运行三者之间建立起来某种联系，这多少显得有些牵强和格式化。因为，现代社会不同于古代的人类社会，与自然现象相比较，其他诸如政策或基本面等因素对于市场的影响更大。

波浪理论的最初来源是艾略特的时间—价格模型，这个模型就是波浪理论与江恩理论的结合。在艾略特所著的《波浪理论》中，对于斐波那契数列的应用方法是，将上升浪的 1 浪、3 浪、5 浪用斐波那契数列中的 13

表示，回调浪的 2 浪、4 浪用斐波那契数列中的 8 表示；在后 3 浪中，下跌的 A 浪、C 浪用 13 表示，B 浪反弹用 8 表示。其根据是，一方面，对于求得黄金分割点 0.618 而言，数列中的前四位误差过大；另一方面，使用 8 和 13，又远比使用以后的数字更为简单和方便。

根据斐波那契数列 0、1、1、2、3、5、8、13、21、34、55、89、144、233……的特性，即每两个相邻的数字相加等于后一个数字，以及除前四个数字外，每个数字大约是其后第一个数字的 0.618 倍和其后第二个数字的 0.382 倍；每个数字也大约是其前第一个数字的 1.618 倍和前第二个数字的 2.186 倍。由此，可得到的四个主要比例是：0.618、0.382、1.618、2.186。将这四个数字按一定的法则做进一步的分割，便可得到重要的黄金分割率：0.191、0.236、0.382、0.618。细分方法是：0.382÷2=0.191，1.618÷2=0.809，0.382÷1.618≈0.236，或者 0.618×0.382≈0.236。

由于黄金分割存在对称性原理，即 0.191+0.809=1，0.236+0.764=1，0.382+0.618=1，0.5+0.5=1，1/3+2/3=1，所以股市波浪的划分比例可以以上数字的倒数系列为基础，即 1.236、1.309、1.5、1.618、2、2.168、3、4.236、5.236。计算方法是：1/0.809≈1.236，1/0.764≈1.309，1/0.666≈1.5，1/0.618≈1.618，1/0.5=2，1/0.382≈2.168，1/0.333≈3，1/0.236≈4.236，1/0.191≈5.236。

如果对以上系列再做进一步的细分，即用最大参数 5.236 分割 0.618，便可得到 3.236（5.236×0.618≈3.236）这一特殊参数。另外，同样再做细分，还有两个特殊参数 1.385 和 1.769 的获取方法与前面提到的用 13 表示上升浪、用 8 表示下跌浪有关。具体计算方法是，由于前 3 浪上升幅度为 13+13-8=18，前 5 浪上升幅度为 13+13+13-8-8=23，所以，如果用前 3 浪和前 5 浪的上升幅度除以第一浪的数值，即可得到其比例关系：18/13≈1.385，23/13≈1.769。其含义是，上升 3 浪的数值可由 1 浪的起点数值乘以 1.385 获得，上升 5 浪的数值可由 1 浪的起点数值乘以 1.769 获得。

在艾略特的时间—价格模型中，同样，如果将 13 与 8 看成时间周期，则 8 浪的时间间隔为：13 天，21（13+8）天，34（21+13）天，42（34+8）天，55（42+13）天，68（55+13）天，76（68+8）天，89（76+13）天。由此，通过所谓的横轴分割，可以获得 8 浪与 1 浪大致的时间比例关系，以及 1 浪与 2 浪以及与后 6 浪的时间比例关系。如表 3-1、3-2 所示，为理论上各波段的可持续时间及其比例关系。

表 3-1 理论上各波段的可持续时间及其比例关系（一）

浪数	1浪	2浪	3浪	4浪	5浪	A浪	B浪	C浪
天数	13	21	34	42	55	68	76	89
比例	1	1.618	2.186	3.236	4.236	5.236	5.846	6.846

表 3-2 理论上各波段的可持续时间及其比例关系（二）

浪数	1浪+2浪	3浪	4浪	5浪	A浪	B浪	C浪
天数	21	34	42	55	68	76	89
比例	1	1.186	2	2.618	3.236	3.618	4.236

在时间—价格模型中，单纯的上升或者下跌的运行称为趋势，两个顶部或两个底部之间的运行称为循环。不过，这里需要注意两点：第一，用 89 天走完一个 8 浪的过程，显然是指小浪，因此，如果做中长期的投资，则需要运用另外的数浪周期；第二，不同的资本市场其运行周期不同，应用中只能灵活掌握。

技术派的投资人都知道，斐波那契数列和由它所计算出来的斐波那契比率 0.146、0.382、0.5、0.618、1.0、1.385、1.5、1.618、2.618……，是斐波那契技术分析的核心。在实际应用中，被称为高精确度的帝纳波利"点位交易法"就是一种只使用斐波那契比率中的 0.618、1.0、1.618 三个特殊比率，来计算逻辑盈利目标点和止损点的扩展分析法，也是一种简化的波浪理论分析法。

通过上面的介绍可以看出，波浪理论的特点是，以黄金分割比率为基点，用斐波那契数列中的一些特殊数字，以及经过再分割所获得的一些衍生数字，模拟了股指的实际运行规律。不过需要注意的是，波浪理论仅适用于成熟和理想化的自由市场经济的股市，而对于指令性过强的股市，或者某些所谓完全的"庄股"并不适用。从积极的意义上来说，波浪理论可以看成是一种力求精确的定量分析与预测的方法，然而，如果反过来看，波浪理论又过于复杂和程式化。

波浪理论的长处是依据对于股指的形态变化规律、空间比例和时间周期等参数，力图完整和精确地描述和预测股市的走势，而其不足之处主要有以下几个方面。

（1）忽略了对于量能这一非常重要的指标的分析，而量价配合或量价背离往往是行情逆转或者发生变化的先兆。股市中常说的"量为价先"，说的正是量的重要性。

（2）由于观察角度相对单一，主要以波浪形态为依据判断行情的变化，所以应用中出现的逻辑分支点较多，难以把握。而如果采用多周期的方法测算，再加上存在"浪中有浪"的多重结构，其分析过程会更加复杂和烦琐。

（3）现实中，完全能与数学模型或数学表达式相符合的股价波形和时间窗口肯定极少出现，所以过度地追求精确，其结果反而只能是不精确。

（4）任何技术指标所显示的结果都不可能是绝对的，不仅是政策和市场环境的突然变化会导致股指运行的不稳定，而且"浪"会有变形，时间节奏也会有延伸或缩短。因此，运用多种技术指标做综合性的模糊判断，其预测效果未必不如波浪理论。比如，综合运用量能、形态、均线、KDJ或MACD等指标做多周期的技术分析，就完全有可能使烦琐的数浪和对于时间周期的测算得到简化。因为，应用不同周期做分析，其显示的结果是不同的，有时甚至是完全相反的。而做预测的过程其实就是去虚存真和确定最高的概率。

（5）依据所谓"江恩箱"理论，即时间与价位构成正方形，一个中级推进浪的起点到终点的角度应为45°，即年增长率能够达到100%；一个完整8浪的起点到终点的角度应约为19°（0.5/1.5 ≈ tg19°），即年增长率能够达到30%以上；股价增长曲线的中轴线约为33°（1/1.5 ≈ tg33°），即年增长率能够达到约65%。然而，即便以中国每年约9%的高GDP的经济增长为基础，股指最多也只能按19°角的曲线上升。因为，9%的GDP增长对应的角度约为6°夹角的上升曲线，而19°夹角的上升曲线对应的是33.3%的增长率（0.5 ÷ 1.5 ≈ 33.3%）。这意味着，从长期来看，上市公司的业绩增长是全国平均增长率的3倍。实际上，这至少不符合中国资本市场的现实情况。当然，这其中也需要考虑到股指扩容的影响。

由此，对于45°夹角"江恩箱"的解释只能是，由于股指多数情况下是处在震荡周期之中的，所以"江恩箱"仅存在于局部的时间周期。对于"江恩箱"存在的另一种解释是改变纵或横坐标轴的点位距，这样无论如何也能使增长的夹角达到45°。如图3-8所示，为江恩理论的增长示意角度。

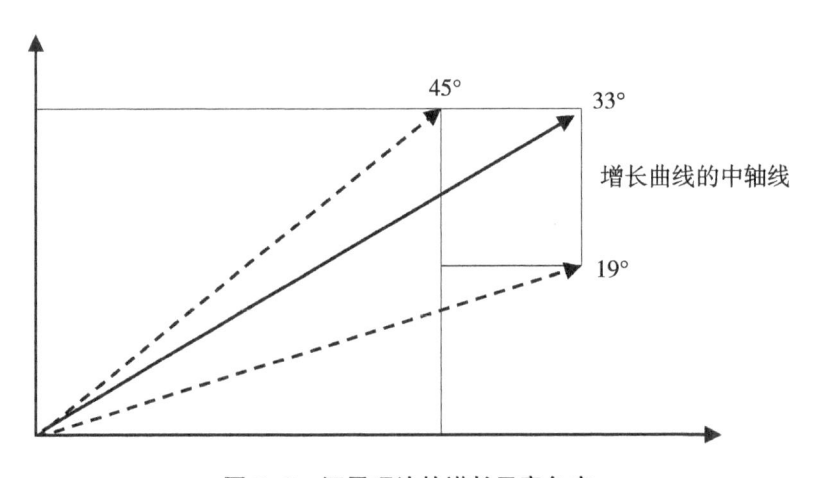

图 3-8 江恩理论的增长示意角度

总的来看，对于资本市场的趋势是否可以预测，历来有两种观点。

一种观点认为市场可以预测，属于多数。可预测派的理论基础是：事物的发展变化不但会有征兆，也存在惯性，历史总在不断地重复，因此市场是可以预测的。可预测派一般又分为三类：常规技术分析、特定的数量分析及定性的综合分析。常规技术分析是指在常用的计算机行情软件中都带有的公开的技术分析手段，如K线、均线、KDJ和MACD等。各种常规的技术指标各有特点和不足，在实际应用中，如果能根据个人习惯的操作节奏使用不同技术指标，按不同的时间周期对股指的运行做出综合分析和判断，就有可能避开使用单一技术指标的缺陷，收到较好的预测结果。常规技术分析依据的原则，一是"市场行为包容一切"，二是"价格总是沿着趋势运行"，三是"历史会重演"。特定的数量分析一般是指专业研究机构内部特有的分析方法，包括大量地收集有关数据，绘制图表，以及使用一些独创的分析模型等，这类分析模型往往是常规技术分析模型的综合或变形。而定性的综合分析是指从业人员常规性的股评，一般包括对于市场或上市公司基本面的分析、对于宏观经济运行的分析、对于行业发展状况的分析、对于政策和消息的分析，以及对于周边相关市场与环境影响的分析，等等。

另一种认为市场是不可预测的。其理由是：事物的发展趋势不可能总是延续其自身的惯性，突发环境因素的变化在不断地改变着事物自身的发展规律和趋势，因此，技术分析和其他的分析手段均不可靠，只能作为参考，趋势是不可预测的，精确的预测更不可能。

以上两种观点看似都有道理，因此可以将它们中和一下，结果可能会比较全面。这就是，降低依赖技术分析和数量模型的预测期望值，增加对于突发事件和环境变化的关注和研究。

其他比较常用的技术指标还有：RSI，为强弱指标，可将股价的波动在固定的范围显示出来，与KDJ非常相似；SAR，为纠错指标，用于买入点和止损点的提示，操作简单，但反应速度慢，使用中可采用缩短观察时段的办法提高效率。

9. 形态分析

除波浪理论外，形态分析还包括趋势线分析和通道线分析。

（1）趋势线，即股价的重要高点之间的直线连线与低点之间的直线连线，大致分为"趋势金叉"三角形、"趋势死叉"三角形、对等三角形、发散三角形、上升旗形和下跌旗形等几类，以及其他一些变形的图形。趋势线的画线，一般以日线图和周线图为主。两者相比，周线图的有效性更强，但误差也比日线图大。换一种说法就是，趋势线只对大趋势有参考价值，而不能对股指短期走势做出预测。另外，用趋势线做判断时也需要参考前期趋势的形态，假如在"趋势金叉"前的行情是一轮下跌的走势，则"趋势死叉"将是反弹之后的继续下跌。总之，利用趋势线判断行情变化也需要做多方的比对，包括使用通道理论和参考时间窗口。如图3-9所示，是按通道理论描述的涨跌趋势分析。

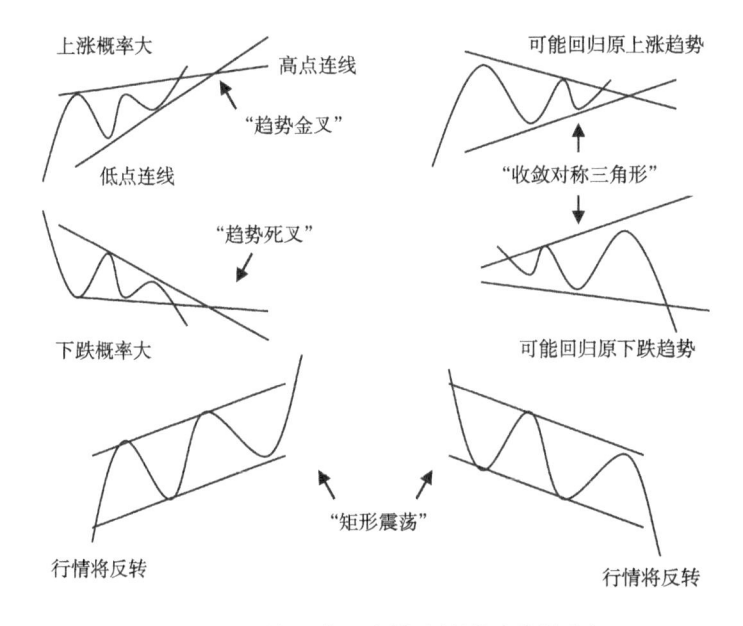

图 3-9　按通道理论描述的涨跌趋势分析

以上的组合共有 16 种。简化的原则是，在做组合分析时需要注意，一般长期均线的有效性都大于短期均线。"金叉"的标准是相对短期均线上穿长期均线时，相对长期均线要处于走平或向上状态。其中，当 10 日均线上穿 20 日均线时被称为"大金角"，上涨力度很强。与 K 线组合分析和波浪理论比较，均线组合分析更为简单明了、容易掌握。

（2）通道线，表示为与高点或低点连线平行的多条平行线，例如次高点之间的连线直线，或者次低点之间的连接直线等，用于对箱形或旗形整理做出分析。实际应用中，通道线的划分往往也能与波浪理论相结合，但是应用比较复杂，不容易掌握。

二、市值计算与大周期量能分析

谈论股市的书籍非常多，而从论述的内容上来看，至少有两点是没有被人们所重视的，一是股指运行的时间周期，二是大周期的量能分析。

根据经济周期理论，一般认为经济周期包括衰退、危机、复苏和繁荣四个阶段。现国际上已知的经济周期理论有以下四种。

（1）短周期理论。该理论由英国统计学家基钦于 1923 年提出，也称为基钦周期理论。根据美国和英国得出的资料，他认为经济周期分为大小两种，小周期长度约为 3~4 年，大周期是小周期的总和，大周期包含 2~3 个小周期，为 10 年左右。

（2）中周期理论。由法国人朱格拉于 1862 年提出，其定义的周期平均约为 9~10 年。

（3）长周期理论。由苏联经济学家康德拉季耶夫于 1925 年提出。其根据美、英、法等国 100 多年批发物价指数、利率、对外贸易、煤炭产量与消耗量等的变动，认为存在一种更长的周期，其平均长度为 50 年左右。

（4）建筑业周期理论。由美国经济学家库兹涅茨在 1930 年提出。其根据英、美、法等国 19 世纪初到 20 世纪初 60 种工农业主要产品产量和 35 种工农业主要产品价格的变动情况，提出了平均时间长度为 15~25 年的周期。这实际上只是一种特定的产业周期。

对于股市运行周期的划分，市场上并无统一的标准。有人认为，除分时以外，周期划分可综合参照黄金分割原理，按照斐波那契数列 1、2、3、5、8、13、21、34 以及波浪理论 3~5 年的周期来划分，如以 5 年计算，则 $5 \times 12 \div 34 \approx 1.76$ 个月，然后，用 1.76 分别再乘以 1、2、3、5、8、13、21、34，得出时间周期为 1.7 个月、3.5 个月、5.2 个月、8.8 个月、14 个月、22.8 个月、36.9 个月、59.8 个月（约 5 年），如排除周末，其近似结果就是约 1.5 个月、3 个月、5 个月、8 个月、1 年、3 年、5 年。

以上所述是一种理论方式。据统计，自 1996 年以来，我国 A 股的实际运行经历了五次大涨、大跌：1996 年上证综指从 512 点涨到 1500 点，涨幅 195%、经历约 300 天；1999 年从 1047 点涨到 2245 点，涨幅 114%、经历约 500 天；2005 年，从 998 点涨到 6124 点，涨幅 513%、经历 580 天；2008 年从 1664 点涨到 3478 点，涨幅 109%、经历 190 天；2014 年，从 2050 点涨到 5178 点，涨幅 153%、经历 250 天。而其中每次的最低点就是大跌的点位。

上证综指于 2007 年 12 月 28 日达到最高 6124 点时，距离 2015 年 6 月 30 日再创的 5178 点，时间长达 7 年半，超过了一般波浪理论的周期。如图 3-10 所示，为市值计算与大周期量能分析的示意图。

在此期间，美国股市因金融危机，标普 500 自 2008 年底的 1468 点至 2009 年 3 月底的 797 点，3 个月内暴跌了约 54%，不过此后便一路上扬，同样不符合波浪理论的周期。那么，原因究竟在哪里呢？实际上，中美情况各不相同。中国股市的特点是发展时间短、散户为主和不成熟，而美国股市体现出的一方面是西方自由市场经济的基本规律，另一方面是美元霸权的存在。

第三章 技术分析方法的演进

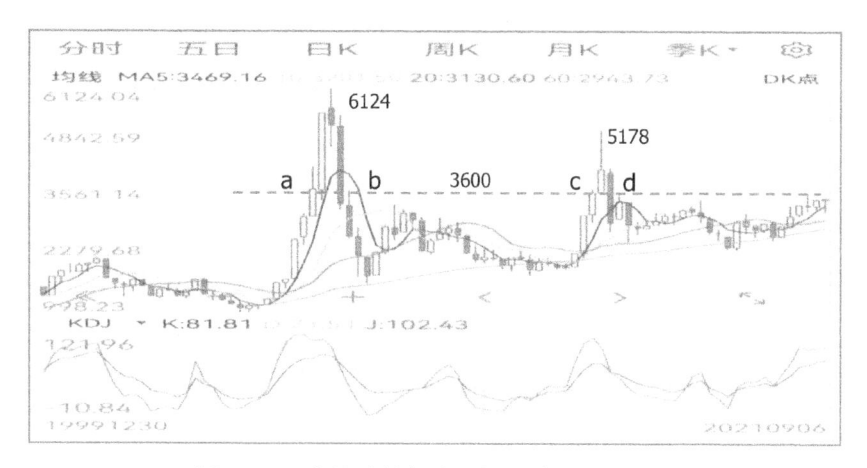

图3-10 市值计算与大周期量能分析示意图

再看A股，自2015年6月30日再创5178高点之后，至今又已过去了6年多，但上证综指依然处于震荡之中，就连短期3600点的阻力位反复多次都不能越过。至于原因，现有的各种理论与技术分析都没能给出合理的解释。但是，如果详细收集这一长周期内上证综指流通总市值的变化数据，并计算一下由于二次大跌所形成套牢盘的市值，问题就比较清楚了。

图3-10中设置的a、b、c、d四个点标明了上证两次大跌前后的重要位置均在约3600点左右，并与当前股指的位置一同构成了一个密集的成交区。并且，在b点和d点的上方都留有大量的套牢盘。通过查找、对比上证综指在这4个点的总市值，经计算得出，b点和d点的上方，分别累积了约4.8万亿元和26.6万亿元的套牢盘，共计31.4万亿元。

接下来，比较一下A股上证处在3600点附近，即期总市值约52万亿元时，其与前期最后一个阻力位2015年7月末上证3632点、总市值约36.7万亿元，两者之间的差为15.3万亿元。然后，用31.4万亿元减去15.3万亿元，等于16.1万亿元，即为仍未离场的剩余套牢盘。再将其折合成流通市值（约总市值的83%），并与日成交量的5%约210亿元当成减持数量做比较，即$16.1 \times 0.83 \approx 13.4$（万亿元），$13.4 \div 0.21 \approx 64$（日）。其含义是，如上证实质性突破3600点的阻力位，则至少需要约两个多月的时间。

不过，还需再计算出另外的两笔账：一笔是上证指数从 d 点跌至 2018 年 8 月 28 日的 2493.9 点时所形成的套牢盘，另一笔是此后上证指数又回升至 2021 年 11 月 19 日的 3560 点上方时所累积的获利盘。经粗略计算，第一笔账数值约近 10 万亿元，第二笔账数值约为 21 万亿元。而后再用获利盘减去套牢盘，其结果是剩余的获利盘仍有约 11 万亿元。如再将该点位下方约 11 万亿元的获利盘计算在内，就能解释为何自 2021 年 9 月 3 日上证指数从 7 月末的 3397 点上涨至 3581 点后，已持续 4 个多月保持在 3600 点左右震荡了。

至 2021 年 12 月 31 日，上证收盘 3639 点，总市值已达到 51.9 万亿元，按消化 3600 点上下方的套牢与获利盘所需时间粗略估算，原则上上证指数已具备了突破 3600 点后继续向上的能力。不过，此时图形中的季线 KDJ 指标已接近高位，预示会跌，但 MACD 仍在低位，又显示无须担忧。故仅从技术面上来看，仍属乐观。但问题是，一方面，年末行情一般属于淡季，另一方面，其他即时性的因素也会影响行情的发展。例如，12 月 6 日，中国人民银行宣布于 12 月 15 日再次降准 0.5 个百分点，紧接着在 1 月 7 日又宣布定向降息 0.25 个百分点。如此，综合判断的结果是，接下来的行情将主要看政策刺激与年末淡季之间影响力的对比了。

另外，影响 A 股涨跌的资金因素还有市场的存量资金和增量资金。现有的存量资金可以通过计算各种投资的常规的仓位得出结果，该数值大约是 15 万亿元。增量资金除各类投资会根据市场行情随机加仓之外，主要的因素还是新基金的发行。据金融界报道，2021 年前三季新基金的发行规模就已经达到了 2.34 万亿元。同样，这期间的离场资金（指 IPO 和解禁值）也需考虑在内。不过，在政策的管理下，A 股每年 IPO 和解禁值的数量是与新基金发行的数量大体相当的，因此可以无须计算在内。

此处需要解释的是，数据计算中，A 股套牢盘解套后选择抛售的比例约为 40%，解禁值到期后选择离场的比例约为 14%，属于市场经验数据，故确定性并不强。再加上对历史数据的收集比较困难，因此结论仅具有参考价值，本书探讨的只是思路和方法。

以上的市值计算与大周期量能分析看似比较烦琐，或许从 A 股年末行情来分析，结果会有所差异。市场的历史规律是，每年 12 月份是银行和其他一些金融机构的年终结算月，所以各路资金都需要回笼结算，这样必然会造成股市的资金面紧张。有一个 1992—2017 年共 16 年的统计数据显示，大盘在年末行情中，12 月份大多为弱势行情，下跌概率较大，但跌幅不大。原因是，通常到年末的时候，机构和大资金都进入了年终结算的阶段，为保住一年的收益，都是谨慎操作，不会有太大行情出现。

在板块方面，另有一个近 10 年的统计数据显示，每年年末，家电、水泥、钢材等与房地产和建筑材料相关的行业都会有较好的行情。同样受益的还有房地产周边产业，包括家具、装修装饰材料和电源设备等。此外，汽车零配件行业表现更为显著，而大金融行业则是年末应首先需要回避的。

前文提及有关量的 5 个方面现已论述了其中的 3 个。其他的两个，一个是所谓场内的存量资金，即那一部分在行情看涨时可能加仓的量，据估算此项资金总量约在 15 万亿元左右；另一个是指社会上的游动资金，在股市大涨时可能随时入市的量，根据以往的历史数据估算，这笔资金的规模接近约 30 万亿元。如果再细致一些，其实还有一些量，比如股市的大盘或几大板块每上涨或下跌 1 个点位，各约需要多少资金参与；对于大市值的个股来说，一个涨停板需要多少资金投入。例如，以约 2.57 万亿元大市值的个股贵州茅台为例，该股股价在 2000 元左右时，其一个涨跌 10%，就约需要 2500 多亿元。

三、组合技术分析与资金博弈

1. 组合技术分析

市场上谈论比较多的技术分析组合有 MA+VOL+MACD 组合、MA+KDJ+MACD 组合,甚至还有 MA+VOL+KDJ+MACD 的四元组合。以 MA+VOL+MACD 组合为例,如果股价已在底部运行了一段时间后,在 5 日和 10 日的 MA 之间、DIF 与 MACD 之间,以及两条均量线之间都出现了"金叉",并且成交量也开始放大,那么这便可视为买入时机已到来。反之,便是卖出的时机。

首先是量与可作为支撑与阻力位的周线 MACD 的关系。对"区间量"的分析有两部分,包括"横向量"比较,即由密集成交区所构成的阻力位与支撑位之间的总量对比,以及"纵向量"(量能指标)比较,即下跌量与上涨量之间的分量对比。做"区间量"的分析,需要对前两个区间做出对比后,再来观察第三个区间(上下或者前后)的状态。周线量的显示明显,且快于 MACD,但日线 MACD 的指示作用大于量的指标。

其次,以 KDJ 和 MACD 为基础,也可以构成长短周期技术指标的异步组合。这两种技术分析方法,不但是在均线的二次运算基础上得出的,而且也都能直接体现黄金分割的理论,被称为"循环理论"。这两种方法与多数人使用的 K 线和均线组合分析的区别是,KDJ 放大了 MACD 的震荡,而 MACD 则更便于显示行情变化的力度,以及作为密集成交区的支撑或阻力位。

2. 资金博弈

在股市的行情软件中,按资金持股量被分为超大、大、中、小四种。按传统的分类方式,所谓庄股包括"强庄""弱庄""长庄""短庄""恶庄",而无庄的股票,即由散户主导的,并未列入其中。因为,即便是中、小资金占据了某只股票的大部分持仓，其也不可能操作股价。例如，从周线上来看，贵州茅台现在中、小持仓仍然是占据多数的，但其无法形成统一的操作行为。

庄股本身没有统一的定义。有人认为庄股就是被操纵了价格的股票，也有人把它看成是具有共同投资偏好的大户集中持有共同的上市公司股票。一些国家的股市设立有庄家制度，例如美国的专业股票商只经营几种股票，既充当买卖中介人，又在有买方或卖方时充当另一方的角色完成交易，他们要起到稳定股票价格的作用。

我国股市自1994年8月以来，一贯庄股林立，并成为投资者选股的原则之一。然而，庄家操纵股票价格给证券市场带来的负面影响也不能被忽略。所以，了解庄家操作股票的行为特点是十分必要的。市场上总结出的庄家操盘手法主要有以下几个特征。

（1）股价暴涨暴跌。

（2）成交量忽大忽小。

（3）交易行为表现异常。

（4）经营业绩大起大落。

（5）股东人数变化大。

（6）逆市而动。

（7）股价对消息反应异乎寻常。

（8）追逐流行概念。

（9）偏好小盘股。

以上只是以往的一些市场经验总结，近年来并不能全部适用。当然，有坐庄，就有跟庄，而传统的跟庄技巧主要有以下几点。

（1）如能早期发现主力要坐庄，就先吸足筹码，然后等待股价拉升。

（2）如错过早于庄家或与庄家同时吸筹，则等待股价第二波行情展开时买入。

（3）通过能量判断，当一只庄股已积累了相当的上升幅度，并在高位积累了相当的成交量时，如短期内的换手率达到50%左右，且股价已开始回落，则也需要考虑撤资。但是，如果股价仍能在高位坚挺，且成交量居高不下，累积换手率约能达到100%左右，则多表明该股票已换庄家，后市仍可看涨。

（4）强庄股庄家资金雄厚，懂技术分析，重题材配合，应视为主要选择对象。而资金趋势说的就是每日资金流向的占比情况，它是用柱状线来表示的，绿色柱状线表示主力资金的流出，红色柱状线表示主力资金的流入。柱状线越高，主力资金流入和流出的程度也就越大。

资金博弈还涉及的一个问题是，如何处理个股的平均持股成本与股价之间的关系。有投资者认为，如果股价低于近20日的评价成本价约10%，则是动用大资金买入的机会。反之，如果高于现价的10%，则是全部卖出该股票的时机。不过，另有分析认为，个股的主力资金一般不会在获利小于30%的情况下抛售所持有的股票。所以，最好是兼顾两个方面来考虑这个问题，而更精确的方法是使用平均成本指标来分析资金博弈。股票技术分析指标中的COST（N）显示的就是股价的即时平均成本。不过，该指标是需要在指标程序的画线函数中设置的，其中N的取值在0~100之间。使用该指标的方法是，当股价运行在COST（N）曲线上方时，投资者可继续持有该股，反之则需要考虑抛出。

另一种判断资金博弈的方法是，分析一些行情软件中显示的散户、中户、大户、超级大户四类股票成交量的变化。四根指标线的数值相加是零，因为买入量和卖出量一样。除此之外，此类软件也能显示当日资金总的流入和流出的流量情况。红色柱状线高就表示主力资金流入量大，绿色柱状线高就表示主力资金流出量大。经验数据是，如果5日、10日与20日平均资金流向都是正值，则股价向上的概率就比较大，反之则股价向下的概率大。

四、非技术走势状态

社会上有一种观点认为，市场存在一种所谓非技术走势状态，即指重要的技术指标出现了长期的钝化，或者是长期的窄幅波动。而成为技术分析高手的必要条件之一，就是应该知道如何对待和处理这种状况，如何从基本面、政策面、消息面和环境影响因素等方面来分析和判断行情的变化。

例如，对于A股而言，有专家指出，M1的增速与股市趋势相同，不过，如果M1增速超过25%时，行情会见顶。另一种计算方法是，用M2的数值变化判断行情，即当M2的增量幅度大于17%时，或者M2的增量大于CPI+GDP时，会出现牛市。此外，还可以通过计算M1与M2增长速度之间的剪刀差来判断行情，即当M1超出M2达到5%~7%时，会出现牛市。

对于非技术走势状态，可能涉及的问题主要有四个方面。

（1）与技术指标的使用周期相关。对于主要技术指标的钝化，可参考本书对周期和量能的分析。

（2）与上文提及的大周期量能分析有关。据统计，自2021年7月21日至12月31日，A股已连续106日成交量超过万亿元，但股指仍然处在略高于3600点上方的位置上震荡。实际上，如前文所述，这种情况与A股自2007年末6124点和2015年5178点的两次大跌有关，而并非仅用非技术走势状态能够概括。

（3）A股历来有所谓市场底、政策底、估值底和技术底的说法，为我国所特有。市场底表现为投资大众面对市场下跌而产生的一种心理效应；政策底是指国家的宏观经济政策对股市的影响；估值底是指市场上的一种防风险意识，也可以看作投资者为减仓预设的警戒线；技术底则是指市场中的各种图表技术指征出现了超买信号，并表现出转向的趋势。

（4）产生高市盈率与低市净率股的内在因素与企业的高成长性、估值预期或内部的财务状况有关。如韦尔股份总市值2670亿元，2021年12月24日，市盈率最高时为4531.48倍，股价146.93元，最高时为345元。因该公司具有中国最高的芯片设计能力，是全球安卓手机第一大指纹识别芯片的供应商，所以能保持有很高的成长性。该股自2021年6月以后，其主要持股者都是散户。至2021年12月29日，该股的市盈率已降至56.92，股价为305.21元。所以，结论是支持其高股价的是高成长性。再看*ST宜生，市净率仅0.24倍，虽然其净资产比股价高约4倍，但是该股现金流长期为负，并于2021年2月被停牌，同时仍留有大量的套牢盘。对比这两个例子可见，做市场的技术和估值分析必须要全面、细致。

第四章　投资者结构概况

作为一个具有一定特殊性的市场，我国 A 股的投资者被认为由"国家队"、法人投资者、境内专业投资机构、外资 QFII 和个体投资者共同构成。在 A 股流通市值中，机构测算的结果是：一般法人持股占比最高，为 44.88%；个人投资者次之，为 33.27%；外资持股市值占比为 5.26%；境内专业机构投资者合计持股市值占比 16.59%。在境内专业机构投资者中，公募基金、保险、社保和私募基金持股占比较高，依次为 7.53%、2.81%、1.72% 和 1.66%。

一、"国家队"主力概况

中国股市有关"国家队"的说法起始于 2008 年 9 月 18 日。当时沪指跌至 2200 点，汇金公司宣布在二级市场自主购入工、中、建三行股票，承诺期一年。隔天市场涨幅为 9.46%。此后，股市中"国家队"的规模逐步扩大。如今的"国家队"五大主力机构包括了证金、汇金、社保基金、公募基金、保险等，它们在 A 股市场上所起的作用极其重大。其中，证金全称中国证券金融股份有限公司，于 2011 年 10 月 28 日成立，业务范围是为融资融券业务提供资金和证券的转融通，注册资金 1500 亿元。汇金全称中央汇金投资有限责任公司，成立于 2003 年 12 月 16 日，注册资金 3724 亿元。其公司定位是代表国家对国有大型金融企业行使出资人的权利和义务、维护金融稳定、防范和化解金融风险、高效运用外汇储备、对外汇储备保值增值负责。

2021 年 5 月，据《证券日报》报道，在已披露的 2021 年一季报的上市公司中，有 505 家上市公司前十大流通股股东中出现证金、汇金的身影，合计持股市值达 2.91 万亿元。截至 2021 年一季度末，证金、汇金新进持有 5 家 A 股上市公司。其中，洛阳钼业、晋控煤业、*ST 聚龙等 3 只个股新进持有的股票数量均超过 1200 万股。此外，和佳医疗、富煌钢构等 2 只个股持有的股票数量均超过 100 万股。

在增持方面，截至 2021 年一季度末，证金、汇金共对 191 只个股进行了增持操作。其中，中国银行、上海石化、光大银行、方正证券、交通银行、北京银行、中国石化、中国中车、中国重工等 29 只个股进行了大幅加仓，增持数量过亿股。

从最新持股市值来看，共有 25 只个股被证金、汇金持有，市值超过 100 亿元。其中前十大重仓股为：工商银行（7043.99 亿元）、中国银行（6640.13 亿元）、农业银行（4525.51 亿元）、中国平安（970.54 亿元）、新华保险（537.85 亿元）、贵州茅台（378.23 亿元）、五粮液（355.28 亿元）、申万宏源（271.59 亿元）、中国人寿（263.46 亿元）、美的集团（237.08 亿元）。2021 年一季度，在证金、汇金新持有的 5 家公司中，有 3 家公司实现了大幅度增长，富煌钢构增长 745.31%，和佳医疗增长 230.50%，洛阳钼业增长 191.36%。

2021 年 10 月，Wind 资讯提供的消息披露，截至三季度末，A 股市场上"国家队"五大主力机构持有的总市值共约 5.87 万亿，占 A 股流通总市值比例约为 15%。五大主力机构持股市值主要分布在银行、资本货物、材料三大行业中，持仓市值分别为 8973 亿元、6613 亿元、6520 亿元。从五大主力机构持股市值前十的个股来看，多只个股机构持股市值超1000亿元，其中，中国人寿、平安银行、贵州茅台持股市值分别为5768亿元、2206亿元、1799亿元。这显示出，热门股机构扎堆成为当前市场的一个重要特征。

Wind数据统计显示，公募基金三季度持仓A股数量2300多只。重仓持股方面，有68只个股持仓市值超100亿元（含100亿元），贵州茅台、宁德时代、五粮液持仓市值居前，分别达1591亿元、1392亿元、895亿元；增持个股方面，按增持市值计算，公募基金三季度重仓个股共有32只获增持金额超过10亿元，其中天齐锂业、正泰电器、北方稀土增持金额居前，分别达101亿元、81亿元、53亿元。

保险公司三季度持仓A股数量300多只。重仓持股方面，有14只个股持仓市值超100亿元（含100亿元），中国人寿、平安银行、招商银行持仓市值居前，分别达5758亿元、2016亿元、1063亿元；增持个股方面，按增持市值计算，保险公司三季度重仓个股共有19只获增持金额超过1亿元，其中国电南瑞、中材科技、宝钛股份增持数量居前，分别达7亿元、6亿元、5亿元。

社保基金三季度持仓A股数量400多只。重仓持股方面，有46只个股持仓市值超10亿元（含10亿元），农业银行、工商银行、中国人保持仓市值居前，分别达692亿元、575亿元、157亿元；增持个股方面，按增持市值计算，社保基金三季度共有26只个股获增持金额超过2亿元，其中先导智能、紫金矿业、中国巨石增持金额居前，分别达19亿元、16亿元、13亿元。

《证券日报》记者转引华辉创富业内人士的评论指出："作为长期资金，证金、汇金秉承价值投资、长期投资理念，所选标的大多为各个行业龙头或者细分领域行业龙头，业绩和基本面稳健突出。""观察证金、汇金从去年四季度到今年一季度的调仓情况可以发现，他们较为准确地把握住了年初以来的市场波动节奏，减持和增持板块品种也大体切中了今年以来更强调业绩和估值匹配的市场风格变化，一定程度上体现了证金、汇金在投资方面的专业优势。"

二、法人投资者

早期的法人股概念是指企业法人或具有法人资格的事业单位和社会团体，以其依法可支配的资产，向股份有限公司的非上市流通股权部分投资所形成的股份。中国证监会2005年4月29日发布了《关于上市公司股权分置改革试点有关问题的通知》，宣布启动股权分置改革试点工作。股改后，A股大涨，至2007年10月16日，上证综指站上了6124点的历史最高点。

到目前为止，以上证综指为例，股权分置改革已实现了流通股份占总股本的约83%。所以，前面提及A股一般法人持股约47.7万亿元市值，现在应该也包括上市公司约17%未流通的部分。按2021年底A股总市值约111.1万亿元计算，上证综指51.9万亿元的总市值应占A股总市值的约46.7%。那么，法人股占上证综指中的未流通持股，大概就是约8.82（51.9×0.17）万亿元。

另据东方财富网的消息称，2021年A股限售股解禁市值近5万亿元。上证综指如按占46.7%计算，年解禁市值约为5×0.46=2.3亿元。如此，粗略地估算，8.82÷2.34≈3.7，即约三年半后上证综指将能实现全流通。

三、境内专业投资机构

境内专业投资机构是A股市场投资者中的重要组成部分，包括公募基金、社保基金、企业年金、保险机构、券商自营等，其中包括了部分"国家队"的成员，这些机构属于专业化的投资力量。在以上这些机构中，公募基金显然更值得关注，因为它为普通投资者提供了专业化的投资渠道。公募基金从诞生至今，已经走过了 23 个年头。2021 年 11 月，《每日经济新闻》提供的数据显示，截至 2021 年 8 月底，公募基金的数量达到 8674 只，管理规模合计 24 万亿元以上。其中，与资本市场相关的股票基金总规模约为 2.3 万亿元，混合型基金规模约为 5.6 万亿元，货币基金规模约为 9.8 万亿元，债券基金规模约为 3.3 万亿元。另据 Wind 数据显示，截至 2021 年 8 月，新成立的公募基金数量 1107 只，连续第三年突破 1000 只。基金发行总规模为 2 万亿份，按照基金净值规模计算，发行总规模已达到 2.02 万亿元。

四、外资 QFII

据多方报道的消息，外资有多种途径布局，除了 QFII，外资还通过沪港通、深港通等通道布局 A 股。并且，目前沪港通和深港通是外资进入 A 股更常用的通道。中国人民银行最新公布数据显示，截至 2021 年 9 月底，境外机构和个人持有境内 A 股资产 3.56 万亿元。同时，中国证监会公布合格的境外投资者名单总数已达 647 家，超过上年全年 71 家。QFII 获批的公司分别来自新加坡、美国、英国和沙特阿拉伯。

涉及投资理念，有业内人士认为，QFII 的资金持股期限更长。因此，与沪港通、深港通比较，QFII 的持股数据策略更能反映出国际投资者的投资理念。华夏基金指出：首先，沪港通、深港通持股都比较集中，但是 QFII 持股似乎更为集中。其次，沪港通、深港通在大市值股票持仓的比重高于 QFII，沪港通、深港通更偏向于大市值标的。另外，从估值的角度来看，QFII 持有低估值（PE）的标的比重较高。再者，两者都重仓于消费、医药、家电等行业，而 QFII 持有银行的比重高于 QFII，沪港通、深港通持有非银金融的比例高于QFII。

具体来看，据通联数据的数据显示，QFII持股市值前五的行业分别是制造业，金融业，信息传输、软件和信息技术服务业，交通运输、仓储和邮政业，科学研究和技术服务业。

据相关人士介绍，在权益类投资产品上，QFII品种覆盖了包括交易所交易的和新三板上市的权益、交易所和银行间交易的债券、银行间的衍生品、资产支持证券发行、商品期货和部分金融期货、融资融券、私募证券投资基金和公募基金、转融通等各个方面。而沪港通、深港通、债券通的投资产品限于部分股指的成分股票、A+H股票或债券等，并不包括衍生品的投资。在投资范围方面，显然QFII的运作机制是有一定优势的。

五、个体投资者

2021年1月，中新网刊登的《2020年中国股民行为报告》显示：A股投资者入市步伐继续加快，A股自然人投资者数量已经超过1.75亿人，投资10年以上的占比高达35%。在家庭现金资产的分配上，超过25%的家庭愿意拿出50%以上的资产进行炒股，另外13.2%的受访者愿意拿出70%的现金资产炒股。按城市分布，证券投资者一线城市占比较高，其中男性股民占比77.2%。值得注意的是，投资者学历水平出现明显提升，"80后""90后"投资者中本科学历的占比均超过30%，"00后"新生力量也开始进入股市。其中，"90后"最偏爱借钱炒股和买基金。

2020年，A股投资者有58.9%实现盈利，实现基本持平的投资者占14.90%，不过仍有26%的投资者亏损。根据新闻、公告等内容选股仍是主流的选股方法，投资者对财经资讯需求凸显，超过40%的投资者每天花费30分钟至1小时阅读财经内容。从持股市值上来看，散户拥有较大份额的是证券、军工、科技三个板块。另外，个体投资者对半导体等芯片板块、新能源产业链、白酒、军工股有所偏爱,但对房地产板块前景看淡。在选股方式上,打新一签难求。报告显示,近半数投资者2020年没有中签过新股,中签超过5只以上新股的仅占3%。

2021年2月,《河南商报》刊登了胡润研究院发布的《2020胡润财富报告》,揭示了目前中国拥有600万元人民币资产、千万元人民币资产、亿元人民币资产和3000万美元资产的家庭数量和地域分布情况。

报告显示,中国拥有600万元人民币资产的"富裕家庭"总财富达146万亿元,是中国全年GDP的1.5倍,其中,中国内地占近九成。在这146万亿元中,拥有亿元人民币资产的"超高净值家庭"总财富为94万亿元,占比64%,比上年扩大4个百分点;拥有3000万美元资产的"国际超高净值家庭"总财富为89万亿元,占比61%,比上年扩大5个百分点。

这146万亿元的总财富中,预计有17万亿元将在10年内传承给下一代,42万亿元将在20年内传承给下一代,78万亿元将在30年内传承给下一代。胡润表示:"企业家比较理想的是到70岁已经安排好了接班人。"具体到"高净值家庭"的数量来看,报告显示,中国拥有600万元人民币资产的"富裕家庭"数量已经达到501万户,比上年增加7万户,增长率为1.4%,其中拥有600万元人民币可投资资产的"富裕家庭"数量达到180万户;拥有千万元人民币资产的"高净值家庭"数量达到202万户,比上年增加4万户,增加2%,其中拥有千万元人民币可投资资产的"高净值家庭"数量达到108万户;拥有亿元人民币资产的"超高净值家庭"数量达到13万户,比上年增加3000户,增加2.4%,其中拥有亿元人民币可投资资产的"超高净值家庭"数量达到7.7万户。

从地区分布来看,北京依然是拥有最多600万元人民币资产"富裕家庭"的地区,比上年增加1.1万户,达到71.5万户,增幅1.6%,其中拥有600万元人民币可投资资产的"富裕家庭"数量有26.8万户;广东第二,600万元人民币资产"富裕家庭"比上年增加1.3万户,达到69.2万户,增幅 1.9%，其中拥有 600 万元人民币可投资资产的"富裕家庭"数量有 25.6 万户；上海第三，600 万元人民币资产"富裕家庭"比上年增加 9000 户，达到 61.1 万户，增幅 1.5%，其中拥有 600 万元人民币可投资资产的"富裕家庭"数量有 21.4 万户。

报告显示，北京仍然是拥有最多千万元人民币资产"高净值家庭"的地区，比上年增加 6000 户，达到 29.4 万户，增长 2%，其中拥有千万元人民币可投资资产的"高净值家庭"数量有 14.9 万户；广东第二，千万元人民币资产"高净值家庭"比上年增加 6000 户，达到 29.1 万户，增长 2.1%，其中拥有千万元人民币可投资资产的"高净值家庭"数量有 16.5 万户；上海第三，千万元人民币资产"高净值家庭"比上年增加 6000 户，达到 25.5 万户，增长 2.4%，其中拥有千万元人民币可投资资产的"高净值家庭"数量有 14.6 万户。

值得注意的是，从千万元人民币资产"高净值家庭"的构成来看，企业主占比 60%，排名第一，其次是金领，占比 20%，主要包括大型企业集团、跨国公司的高层人士，他们拥有公司股份、高昂的年薪、分红等来保证稳定的高收入。而凭借炒房跻身富裕阶层的家庭占比达 10%，与此同时，炒股发家致富的家庭占比亦达 10%，而受益于股市的火热行情，职业股民占千万元人民币资产高净值家庭的比例较上年增加了 5 个百分点。

2021 年 5 月，深交所发布《2020 年个人投资者状况调查报告》，从调查结果来看，目前我国个人投资者主要表现出以下几个方面的特点。

一是新入市投资者呈现年轻化趋势，投资者投资理财需求较强。新入市投资者平均年龄为 30.4 岁，较 2019 年降低 0.5 岁。投资者通过股票、公募基金等进行财富管理的需求显著增加，投资者证券账户平均资产量 59.7 万元，较 2019 年增加 5 万元，达到历年调查最高水平；投资公募基金的投资者占比 67.1%，较 2019 年大幅增加 21.3 个百分点。

二是投资者长期价值投资理念增强，证券账户资产量较高的投资者对长期价值投资理念接受度更高。持长期价值投资理念的投资者占比逐年上升，由 2015 年的 20.4% 提升至 2020 年的 31.1%。

三是盈利投资者投资理念更成熟，投资行为更理性，更注重研究学习。盈利投资者更认同长期价值投资理念，35.7% 的盈利投资者认为自己属于长期价值投资风格，较亏损投资者高 7.5 个百分点。盈利投资者在短线交易、处置效应、轻信传言、不使用止损策略等非理性投资行为方面的占比相较亏损投资者分别低 12.4、6.9、6.8 和 6.0 个百分点。盈利投资者更注重"阅读金融机构的研究报告""阅读上市公司的招股书、定期报告、临时公告等披露的信息"，占比分别高出亏损投资者 11.3 和 7.4 个百分点。

四是在投资者教育内容方面，投资风险揭示（66.1%）、证券基础知识普及（64.2%）、交易规则与金融法律法规解读（59.9%）、投资产品及投资策略介绍（58.1%）等内容最受欢迎。投资知识方面，在满分 100 分的测试中，投资者平均得分 71.8 分，不同板块、不同区域、不同入市年限的投资者知识水平存在差异。创业板投资者平均得分 73.1 分，高出其他投资者 3.8 分；华南及华东地区投资者平均得分 72.8 分和 72.6 分，分别高出西北地区投资者 5.1 分和 4.9 分；入市 5~10 年的投资者平均得分 73.9 分，高出新入市投资者 4.7 分；盈利投资者平均得分 75.7 分，高出亏损投资者 6.4 分。

2021 年 7 月，搜狐网刊登的瑞信《2021 年全球财富报告》数据显示：2020 年全球财富增长 7.4%，达 418.3 万亿美元；成人人均财富增长 6%，达 79952 美元，均为历史新高。掌握世界财富前三位的国家分别为：美国（126.3 万亿美元）、中国（74.9 万亿美元）、日本（26.9 万亿美元），英、法、印、加、澳分列榜单的 3~7 位。

瑞信表示，由于各国政府和央行及时采取行动减轻疫情对经济产生的影响，2020 年世界财富增长速度并没有减缓。据其公布的一项关键数据显示，2020 年全球百万（美元）富翁人数增加了 520 万，总数达到 5610 万人，他们占据了全球总财富的 45.8%。新晋百万富翁中，三分之一（170

万）来自美国。值得一提的是，2020年全球首次有超过1%的成年人成为百万富翁。

1. 低利率政策成为双刃剑

2020年初疫情肆虐对经济产生了极大影响，全球股市面临崩盘危机。从2月初到3月下旬，标普500下跌34%，富时100下跌35%，DAX指数下跌39%，日经指数下跌31%，上证虽受影响较小，但也不可避免地下跌了13%。2020年1月至3月期间，全球家庭财富总额损失了17.5万亿美元，相当于减少了4.4%。全球成人人均财富下降了4.7%。

各国央行见势纷纷采取行动挽救市场，重新恢复金融活力。瑞信认为，央行主要采取两手措施提振经济：首先，为受疫情影响最大的个人和企业发放救助津贴和福利；其次，通过低利率或零利率的宽松货币政策，促进消费与贷款，给市场释放更多资金流动性。

显然这些措施已经非常成功地实现了目标：股市大幅上涨，到6月底已经与年初持平，甚至到现在依然处于牛市；2020年房价平均上涨5.6%，达三年以来最快增长速度，促使全球家庭财富大幅增长。截至2020年底，全球家庭财富比上年增加了28.7万亿美元，涨幅达7.4%。

瑞信认为，持续宽松的货币政策也给全球经济带来了无法挽回的副作用。其中就包括货币贬值带来的物价上涨与通货膨胀，另外汇率波动也影响着各地区的财富增长情况。因此，2020年疫情最严重的国家、面临最大经济挑战的国家的财富涨幅却高于平均水平。如比利时、加拿大、新加坡和英国，尽管它们是受影响最严重的国家之一，平均GDP损失7.1%，但它们的财富增长异乎寻常的高，平均为7.7%。即使GDP增速为负值，低利率政策仍让这些国家的家庭财富稳定增长。但以拉美为代表的第三世界国家，货币平均对美元贬值为9.6%，这导致其财富总量减少10.1%。如果不考虑汇率，拉美的总财富仅减少1.8%，这也进一步表明，疫情使全球范围内发展中地区与发达地区的差距加大了。

2. 全球贫富差距加剧

从个人角度来看，财富更加集中于金字塔顶端的人手中。2020年，超高净值群体（财富超过5000万美元）增加了41420人，同比增长24%，超过了21世纪除2003年以外任何一年的增长率。全球最富有的10%人群财富占比上升0.9个百分点，全球最富有的1%人群财富占比上升1.1个百分点。到2020年底，处于金字塔底层55%的人拥有财富仅为5.5万亿美元，占全球财富比重的1.3%。最富有的10%人群却拥有全球82%的财富，其中，最富有的1%人群就拥有近一半（45.8%）的财富。

瑞信还指出，全球顶层财富的分配也极不均衡，到目前为止，美国拥有世界最多的百万富翁，达到2200万，占全球的39.1%，远远超越中国。中国以9.4%的全球百万富翁数量位居第二。此外在超高净值人群的分布上美国也是一家独大，人数超过10万，紧随其后的是中国、德国、英国和日本，但人数差距较大。

以衡量一个国家或地区居民收入差距的基尼系数作为标准，2020年除美国外世界各国的基尼系数都在上升，巴西、南非和俄罗斯的财富不平等程度居全球之首，而在发达国家中，美国的贫富差距最为严重；除法国和德国外，各国最富有的1%群体的财富份额也有所增加，这些数据表明，在2020年各国内部的财富不平等也普遍加剧。瑞信认为，财富不平等加剧的最主要原因是利率降低，与疫情本身和其造成的直接经济影响关系不大。

3. 新兴市场经济正发挥潜力

2019—2000年，新兴经济体（中低收入国家）的世界财富份额从9.3%增长至30.3%，涨幅达3倍。但瑞信认为，由于多数新兴市场国家无法像发达国家一样提供救助补贴和信贷方案，财富总量的增长主要得益于货币增发导致的资产价格上涨。

中国和印度是新兴市场国家财富增长的最主要来源，经过瑞信的估算，一旦印度疫情得到控制，印度的财富将迅速增长，预计未来5年的增长率为 59.0%，每个成年人的财富将增加到 20880 美元。而中国则对 21 世纪新兴市场的经济增长做出了最大贡献，这种主导地位还将持续下去，未来五年，中国的财富增长将占全世界财富增长的四分之一以上。

至于其他新兴市场地区，非洲经济的增长速度将与中国和印度一样快，2020 年表现最差的拉丁美洲将恢复良好，平均每年经济增速将达到 8.1%。2020—2025 年，该地区的财富将增长 5.2 万亿美元，其中巴西和墨西哥将贡献总量的一半以上，分别增长 1.5 万亿和 1.6 万亿美元。

瑞信预测，未来五年净资产在 1 万至 10 万美元的总人数将增加 2.37 亿，增长达 14%，到 2025 年总数接近 20 亿。其中少数来自中高收入国家，但大部分（1.83 亿新成员）都将来自低收入国家，新兴市场潜力依旧巨大。

2021 年 8 月，《上海证券报》发布《个人投资者 2021 年第三季度调查报告》，调查报告显示的主要内容如下。

（1）逾五成个人投资者实现盈利。

二季度 A 股呈震荡格局，指数表现相对平稳，逾五成投资者实现盈利。其中，高净值投资者的盈利比例更高，加仓行为也更明显。盈利幅度在 10% 以内的投资者占比最高，为 40%；盈利在 10%~30% 的投资者占比 7%；盈利超过 30% 的投资者占比 7%。另有 18% 的投资者表示，在二季度出现了亏损，较前一季度大幅减少 12 个百分点。还有 28% 的投资者表示，在二季度不亏不赚。

（2）股票资产配置意愿整体稳定。

对数据进一步分析后可以发现，证券账户资产规模较大的投资者与资产规模较小者相比，二季度实现盈利的比例更高。在证券资产规模 50 万元以上的投资者中，有 57.62% 的人实现了盈利，较平均水平高 3.62 个百分点；在证券资产规模 50 万元以下的投资者中，有 53.88% 的人实现盈利。

有 51% 的受访投资者表示，证券类资产在其金融资产中的占比基本保持不变，这一数据较前一期上升 8 个百分点；有 19% 的受访投资者表示，证券账户资产在其金融资产中的占比有所提升或明显提升，较上期调查结果基本持平；另有30%的受访投资者表示，证券账户资产在其金融资产中的占比有所下降或明显下降，这一人群占比较上期调查结果下降9个百分点。

在对未来资产配置的考量中，有64%的投资者表示，将不会大幅调整证券账户的资产规模，较前一季度增加2个百分点；有30%的投资者表示，将加大资金投入，较上期调查微增1个百分点；有6%的投资者表示将从证券账户撤出资金，较前一季度下降4个百分点。

值得注意的是，虽然证券账户规模未见大幅调整，但被问及是否考虑改变权益类资产的投资策略时，有31%的投资者表示，准备增加权益类资产整体规模，较前一季度增加6个百分点。这意味着部分投资者或将转向股票型基金产品。

（3）投资者行为明显分化。

大盘整体回暖使二季度个人投资者的加仓意愿有所回升。本次调查结果显示，在二季度，有26%的投资者实施了加仓，较前一季度上升7个百分点；有47%的投资者进行了减仓，而上季度减仓的投资者占比为50%。但从结构上来看，由于不同资产规模的投资者行为出现内部分化，个人投资者的整体仓位水平不升反降。调查数据显示，二季度期末受访个人投资者的平均仓位为38.13%，较前一季度的41.68%下降3.55个百分点。从具体仓位比重来看，仓位在20%以内的轻仓投资者数量有所增加。在受访的投资者中，仓位在20%以下的个人投资者占比达49%，较上一季度增加6个百分点；仓位在80%以上的个人投资者占比14%，与上一季度相比减少2个百分点。仓位在20%~80%之间的投资者占比为37%，较前一季度减少4个百分点。

对持仓数据进一步挖掘可以发现，账户资产较大的个人投资者的平均仓位更高。其中，证券账户资产规模在50万元以下的投资者的平均仓位为33.73%，而证券账户资产规模在50万元以上的投资者的平均仓位则为49.54%，高出整体平均水平11.41个百分点。

因此，二季度投资者对仓位的调整步伐并不一致，低净值客户选择了减仓，高净值客户则进行了加仓。而资产规模小于50万元的投资者绝对数量较多，占调查总人数的72.55%，其减仓行为拖累了平均仓位的下降。

同时，相比低净值客户，账户资产规模较大的个人投资者不仅整体仓位高，对后市也更乐观。资产规模在50万元以上的投资者中，有9.57%的人计划未来3个月加仓；而在资产规模小于50万元的投资者中，这一比例为4.26%。

（4）投资创业板小有收获，科技板块重获投资者青睐。

二季度市场大小盘指数分化严重。上证综合指数在二季度收涨4.34%，以大盘权重股为主的上证50指数则是全季度收跌1.15%。与此同时，创业板指二季度单边上行，收涨26.05%，其中科技股领涨创业板指，宁德时代总市值突破1万亿元大关，成为创业板市场市值最大的股票。以中国平安为代表的金融、地产类权重股持续下行，拖累上涨50指数的表现。

二季度中，个人投资者持有上证50成分股的平均仓位为23.64%，持有消费白马股的平均仓位为23.9%，持有金融股的平均仓位为20.7%，持有创业板个股的平均仓位为23.96%。在这4个板块中，创业板个股的平均仓位最高，而金融股的平均仓位最低。同时，在二季度投资创业板个股的投资者中，实现盈利的占比为55%，在4个板块中盈利占比最高。持有上证50、金融、消费白马的投资者中，在二季度实现盈利的占比分别为47%、47%及53%。

此外，以新能源、芯片为代表的科技股在二季度的亮丽表现，进一步提升了个人投资者对其未来的心理预期。本次调查结果显示，有47%的投资者认为，科技股当前有估值吸引力，投资价值较高，较前一季度上升9个百分点。当被问及未来一个季度是否计划配置科技股时，仅13%的投资者表示不准备配置，87%的投资者表示将适量或大幅配置科技股。

（5）配置周期股需及时离场。

受益于大宗商品原材料的全球涨价潮，资源类周期板块在二季度也一度表现亮眼。但调查结果显示，仅近28%的投资者在过去一季度中持有过周期股，这一数据较前期调查结果下降了8个百分点。

具体来看，二季度个人投资者对周期品的配置也相对分散。有19%的投资者选择了汽车行业；配置了有色金属及钢铁的投资者各占17%；13%的投资者选择了海运、航空等交运行业；7%的投资者选择了煤炭等能源化工行业；另有10%的投资者表示投资了顺周期行业的基金。

本次受访投资者中，有45%的人表示配置周期板块的原因在于有业绩支撑、行业基本面出现拐点，在所有选项中占比最高；25%的投资者表示周期板块估值低，性价比高。从盈利表现来看，二季度配置周期股并不能给投资者带来显著的超额收益。对数据进行交叉分析显示，在过去一个季度配置周期股的投资者中，有48%的人获得正收益，而未配置周期股的投资者中，有57.5%的人获得正收益。

另一组数据显示，二季度个人投资者配置周期股收益并不理想的原因或许在于未能及时离场。5月底，大宗商品市场在经历了一波快速拉升后迎来政策强监管，二级市场股价也随之回落。对数据进一步分析显示，选择及时减仓周期股的投资者中，有60.42%的人在二季度维持正收益；而逆势加仓周期股的投资者中，仅44.64%的投资者获得正收益；选择持有周期股按兵不动的投资者中，获得正收益的比例也只有44.9%。

（6）对白酒股价值判断有分歧。

市场风格方面，二季度A股呈现板块轮动加剧的特征，医美、白酒、科技、周期轮番表现。其中，白酒股呈内部分化走势：一线白酒表现平淡，二三线白酒股屡创新高，舍得酒业二季度大涨158.25%。

随着白酒走势明显分化，个人投资者对白酒股的价值判断也出现分歧：

相较于未持有白酒股的投资者，已及时上车的投资者往往更相信其基本面因素的支撑。调查结果显示，二季度持有白酒股的投资者占比为32%，有68%的投资者表示并未持有白酒股。在持有白酒股的投资者中，57.06%的人认为其业绩向好，盈利稳定性强，在所有选项中占比第一；认为白酒股存在短线交易机会的投资者占比20.9%。同时，未持有白酒股的投资者多数认同其短期交易价值，有49.06%的人认为白酒股存在短线交易机会，占比最高；认为白酒股业绩向好、盈利稳定性强的投资者占比仅7.51%。

有意思的是，在判断白酒股当前的投资价值时，未持有白酒股的投资者比持有白酒股的投资者更大胆。在持有白酒股的投资者中有40.68%的人表示其处于合理水平，在所有选项中占比最高；认为白酒股被低估的投资者占比为14.12%。而在未持有白酒股的投资者中，认为白酒股的估值处于合理水平的仅为12.33%；有38.07%的人认为白酒股当前仍被低估，在所有选项中占比最高。

（7）七成投资者看好三季度市场。

与指数表现平稳相对应，本期调查结果中，投资者风险偏好同样稳中有升，七成投资者对未来一个季度保持乐观。且在对大盘指数最高点、最低点的预测中，投资者的普遍预期均提升了一个台阶。在本期调查中，认为三季度上证综指能够收红的个人投资者占比为70%，较前一季度增加6个百分点。其中，有34%的投资者认为涨幅在5%以上；有45%的投资者认为涨幅介于0%~5%。

在对三季度上证综指波动的高点预测中，有48%的投资者认为，波动上限在3500点，占比最高；有19%的投资者认为，波动上限在3700点或更高，占比第二高。在前一期调查中，多数投资者认为大盘的波动上限在3400点附近。

在对三季度上证综指波动最低点的预测中，有48%的投资者认为，波动下限在3400点左右，占比最高；有34%的投资者认为波动下限在3400

点附近，占比第二高。而前一期调查中，多数投资者预期大盘波动下限在3300点附近。在对三季度上证综指波动最低点的预测中，有48%的投资者认为，波动下限在3400点左右，占比最高；有34%的投资者认为波动下限在3400点附近，占比第二高。而前一期调查中，多数投资者预期大盘波动下限在3300点附近。

在对三季度市场运行节奏的判断方面，有32%的投资者认为，大盘指数将先跌后涨；有32%的投资者认为，大盘指数将反复震荡，但部分板块有望大涨；有19%的投资者表示，大盘指数将冲高回落。

针对不同板块的未来走势，有29%的投资者预期，三季度A股市场将出现消费股回落、成长股反弹的格局，持有这个观点的投资者在所有受访者中的占比最高；有22%的投资者表示市场格局难以判断；有17%的投资者认为中小盘股有望走俏；16%的投资者认为消费股将强者恒强。

（8）半数高净值投资者赎回基金。

本次调查结果显示，有36%的投资者曾在二季度认购基金，有45%的投资者曾赎回基金，另有19%的投资者未进行任何操作，上述一组数据与前一季度相比基本持平。对结果进一步挖掘显示，高净值个人投资者在二季度赎回基金更多，申购基金更少。在资产规模大于50万元的投资者中，53.64%的人在二季度赎回基金，23.18%的人曾申购基金；而在资产规模小于50万元的投资者中，有43.11%的人曾赎回基金，40.1%的人曾申购基金。

考虑到高净值个人投资者二季度股票投资收益高于平均水平，这一组数据反映出，震荡市中高净值客户更倾向于自己掌控投资方向；而资产规模较小的投资者可能更多受短期市场行情波动的影响，申购及赎回的频率高于高净值投资者。同时，个人投资者对基金的申赎行为与股票仓位的变化基本呈现一定的同步性。二季度选择认购基金的投资者中，有48.21%的人同样加仓了股票，在所有选项中占比最高；二季度赎回基金的投资者中，有69.57%的人则降低了股票仓位,在所有选项中同样占比最高。

(9)逾三成投资者投资港股获利。

二季度有23%的投资者曾投资港股,较前一季度微幅下降3个百分点。其中,大部分投资者选择港股通投资港股,另有一小部分投资者选择购买与港股相关的基金产品。

在投资收益方面,有35%的受访投资者在二季度投资港股获得正收益,其中有27%的投资者盈利在10%以内。此外,有17%的投资者收益为负。在具体投资标的选择上,多数投资者以低估值蓝筹股为主。有13%的投资者选择以银行为代表的高股息率蓝筹股,占比最高;12%的投资者主要进行打新,占比第二高;选择稀缺互联网龙头个股的投资者占比10%。

当被问及如何看待三季度的港股市场时,有16%的投资者表示将加仓,31%的投资者选择减仓;选择轻仓观望和持股不动的投资者占比分别为13%和4%。

整体而言,二季度市场表现稳定,个人投资者的盈利水平有所回升,对未来市场的判断也更为乐观。从市场结构来看,二季度市场的结构性分化使得科技股再获投资者青睐。同时,风格轮动的市场中,保住收益的关键在于及时离场,落袋为安。

六、各类投资基金状况

2021年2月10日,中研网发布了《2021基金行业发展现状与前景分析》一文。数据显示,业绩排名第七的广发高端制造基金成为2020年度最大赢家,基金份额增长了120倍,业绩排名第一的农银汇理工业4.0基金的份额规模增长了9倍,值得一提的是,业绩排名十三强的部分基金产品,有的基金经理辛苦一年,将业绩做到翻倍,却不被市场买账,份额规模还出现一定程度的缩水,可能意味着基民有一定程度的逢高赎回。

在过去一年内，公募基金赚钱效益火爆，翻倍基金多达 108 只。具体来看，2020 年有 35 家公募公司管理规模在 1000 亿元以上，成功跻身"千亿元俱乐部"，其中包括了 4 家管理规模在 5000 亿元以上的机构。易方达以 8100 亿元的最高纪录位居全市场首位，汇添富、广发基金和华夏基金管理规模保持在 5000 亿~6000 亿元之间。据不完全统计，2020 年成立的百亿元级基金超过了 40 只，刷新历年之最，其中，"一日售罄"的就超过了 15 只。

2021 年以来，公募基金分红频率和金额显著提升。据数据显示，截至 12 月 15 日，年内共有 2286 只基金发布 4325 次分红公告，分红总额达 1784.92 亿元，同比增长超过 40%。有 11 只基金年内分红总额超过 10 亿元。业内人士表示，公募基金的"赚钱效应"提升了分红意愿。与此同时，分红也是对年末市场波动较大的避险考虑。

据悉，前 11 月公募基金业绩排行榜显示，在 2020 年股牛债熊的市场行情中，主动权益类基金赚钱效应明显，业绩翻倍基金达到 6 只，最牛基金更是大赚 126%。截至 2020 年 11 月底，货币基金净值占比暴降至 41.38%，而股票基金净值占比则继续上升至 10.08%，混合基金净值占比更是大幅上升至 21.29%，债券基金净值占比打回至 13.6%。2020 年全年公募基金入市规模在 1.5 万亿元左右，2021 年有望突破 2 万亿。总体来看，2021 年股市的宏观流动性虽然会略有收紧，但微观流动性非常充裕，股市将继续走牛。

2021 年 1 月，基金发行呈现"开门红"趋势，百亿"爆款"基金和千亿认购现象频出。同花顺数据显示，以认购起始日作为统计标准（下同），1 月新发基金共 85 只，调整后的发行份额达到 4249.96 亿份，是自 2020 年 8 月以来的最高水平。进入 2 月，新基金发行依然保持较高节奏，2 月的第一个交易日有 26 只基金开启认购，2 月全月共有 95 只基金开启募集。对于 2 月份的行情，不少机构态度偏谨慎，但仍看好需求复苏、业绩增长下的市场行情。

2021开年以来，基金发行延续着上年的火热势头，短短半个月就诞生了多只"日光基金"。公募新发基金市场的单日募集规模再次刷新历史纪录，新发基金易方达竞争优势企业基金1天内突破2300亿元。投资者对基金的购买热情可见一斑。数据显示，2020年新增基民中，"90后"占据了一半以上。对于新基民来说，基金不仅是理财产品，也像是一种社交工具。年轻人曾经在茶余饭后会聊明星八卦，如今话题则变成了基金。

Wind数据显示，截至1月25日，2021年开年至今的17个交易日中，发行首日即结束募集，且首募金额突破50亿元的公募基金多达21只。部分爆款基金也仅是昙花一现，成立后规模就出现较大比例的缩水。据公开数据显示，成立于2020年1月的汇添富大盘核心资产混合成立规模约为113.2亿元，但截至2020年末，仅剩约为58.96亿元，近乎"腰斩"。

2020年基金四季报数据显示，公募基金的核心持仓个股进一步集中，抱团趋势仍延续，但行业配置明显向顺周期扩散。央行呵护市场流动性，短期行情分水岭或在春节前后，后续观察政策拐点的重要时间节点在春节后至两会期间。从中长期视角来看，市场仍呈现结构型行情，向上空间有限，向下调整幅度同样有限，指数将呈现区间波动趋势。

另据2021年3月1日财联社的报道，春节之后，随着A股市场波动加大，不少偏股型基金也出现了较大幅度的净值回撤。数据显示，2月18日至2月26日期间，全市场超2000只基金的净值跌幅超过10%（A/C份额分开计算）。

在前期白酒等"抱团"板块调整背景下，近期不少明星基金出现较大幅度回撤。例如鹏华匠心精选混合等重仓白酒股的基金，春节之后下跌幅度较大，数据显示，2月18日至2月26日期间，鹏华匠心精选混合A/C周跌幅均超14%。但根据不少机构对基金仓位、净值表现等数据的测算，目前部分基金经理的调仓换股已在进行中。

不过，针对后市，不少基金经理认为，2021年的投资重点在于规避个股估值风险，而非仓位高低。同时，2021年未必是投资体验非常好的一年，因而需从均衡和回撤管理的视角做好组合配置。但同时，经过最近两周的下跌，很多公司的估值也已逐步趋于合理，市场将慢慢恢复正常，在公司竞争力没有发生重大变化的情况下，理性的投资者最好的选择是留在市场当中。

第五章　投资者操作行为分析

从投资理财行为的整体情况来看，最近两年有储蓄或投资行为的受访者中，60.36%持有过存款类产品，52.63%持有过银行理财产品，51.39%投资过基金，29.14%买过货币类基金，27.82%买过股票。消费者对分散化投资理念还缺乏足够认识，仅有48.37%的受访者能正确认识到投资单一股票的风险要比股票型基金大。

一、投资理念与收益期望值

有关理性投资的问题，美国著名财经专栏作家约翰·斯蒂尔·戈登在其所著的《伟大的博弈》一书中写道："在现实生活中，完全理性的人是不存在的，信息完备也只是理想状态——这种状态可以接近，但永远无法达到。……资本这个曾一度被称为'罪恶之源'的东西，实际上和劳动力、资源、技术一样，是任何国民经济中不可或缺的要素。"

投资理念体现出的是投资者的意愿、个性特征、投资收益的价值预期，并能反映出其技术分析和操作上的行为特征。人们都知道，"股神"巴菲特有四大核心投资理念、五种投资逻辑和十二大价值投资理念。其中，四大核心理念是指：买股票就是买公司；利用市场；注重安全边际；固守能力圈。而五种投资逻辑则是指：因为我把自己当成是企业的经营者，所以我成为优秀的投资人，因为我把自己当成投资人，所以我成为优秀的企业经营者；好的企业比好的价格更重要；一生追求消费垄断型企业；最终决定公司股份的是公司的实质价值；没有任何时间适合将最优秀的企业脱手。

巴菲特的十二大价值投资理念，可以简单概括如下。

（1）利用市场的愚蠢来进行有规律的投资。

（2）买价决定报酬率的高低，即使做长线投资也是如此。

（3）利润的复合增长与交易费用和税负的避免可以使投资人受益无穷。

（4）不在意一家公司来年可以赚多少，仅有意未来5~10年能赚多少。

（5）只投资未来收益确定性高的企业。

（6）通货膨胀是投资者的最大敌人。

（7）价值型与成长型的投资理念是相通的。价值是一项投资未来现金流量的折现值，而成长只是用来决定价值的预测过程。

（8）投资人财务上的成功与他对投资企业的了解程度成正比。

（9）"安全边际"从两方面协助投资：首先是缓冲可能的价格风险；其次是可获得相对高的权益报酬率。

（10）拥有一只股票，期待它下个星期就上涨，是非常愚蠢的。

（11）就算是美联储主席偷偷告诉我未来两年的货币政策，我也不会改变我的任何一个作为。

（12）不理会股市的涨跌，不担心经济情势的变化，不相信任何预测，不接受任何内幕消息，只注意两点：买什么股票和买入价格。

巴菲特认为，做好投资并不需要有超越别人的才能，并不是说只有做非凡的事情才能取得非凡的成就。这也给了我们普通投资者很大的信心。只要能够掌握正确的投资方法，坚定持有优质的公司，坚持价值投资理念，就能够做好投资。

2021年9月，《金融时报》刊登了中国人民银行发布的《2021年消费者金融素养调查分析报告》。报告共分为五个部分。第一至第四部分客观展现消费者在金融知识、金融行为、金融态度和金融技能等四个方面的基本情况，并从年龄、学历、收入、职业、性别、城乡、地区等不同维度进行描述。第五部分基于数据进行综合分析。为方便直观感受我国金融素养在地理空间上的分布情况，对主要指标绘制金融素养地图。总体上，我国消费者在金融态度上的表现较好，在金融行为和技能的不同方面体现出较大的差异性，还需要进一步提升基础金融知识水平。

1. 消费者金融知识

整体来看，我国消费者对信用知识掌握较好，85.15%的受访者知道严重不良信用记录会对自己申请贷款产生负面影响，71.84%的受访者知道不良信用记录的保存年限为自不良行为或事件终止之日起5年。对风险收益关系有较正确的认识，74.63%的受访者认为高收益往往伴随着高风险。对退保犹豫期认识比较到位，71.03%的受访者知道无条件退保相关规定。对人民币有较好的认识，68.80%的受访者能正确认识到外币不能在我国境内流通使用。多数受访者（68.62%）对贷款期限与月还款金额及利息的关系有一定的理解。

消费者的复利意识和贷款知识还存在不足，56.59%的受访者能够正确理解复利，56.99%的受访者知道等额本金和等额本息的区别。对存款保险的认识有所提升，55.24%的受访者知道存款保险最高偿付限额。对商业保险的理解还有待提升，57.02%的受访者认为保险最基本的功能是保障（分摊风险），48.48%的受访者认为重复投保财产险无法获得重复赔偿。投资基础知识较为欠缺，仅有48.37%的受访者对分散化投资有正确认识，44.69%的受访者能够正确估算年化收益率。

与2019年相比，消费者在不良信用记录保存年限、不良信用记录影响、财险重复投保、退保、贷款期限的影响、还款方式、存款保险、年化收益率估算等方面有较为明显的提升；在复利意识方面基本持平；在分散化投资、风险收益关系方面的掌握有所下降。

2. 消费者金融行为

整体来看，最近两年内77.02%的受访者使用过手机付款，71.32%使用过现金进行支付，44.69%使用过银行自助服务设备，43.60%有储蓄行为，40.91%会记录或查看日常收支，36.17%办理或使用过信用卡，21.82%有购买保险的行为，21.65%查询过个人信用报告，18.33%发生过贷款行为。

在信用卡还款方面受访者具有良好的表现，大部分（79.24%）会全额还款，且绝大多数会在到期日（含）之前还款。在贷款使用方面，主要用于购置房产和日常消费，部分群体（10.33%）以"借新还旧"方式进行个人债务周转，需要提高个人债务管理能力。在投资理财方面，主要持有存款类、银行理财、基金、股票等产品。在金融产品或服务信息获取渠道方面，金融机构网点和互联网渠道最受欢迎，选择非网点现场宣传、电话、短信等渠道的受访者较少。大部分（90.70%）会阅读金融产品的合同条款。

与2019年相比，受访者信用卡还款行为显著改善，全额还款的比例提高了8.20个百分点，最低还款额还款或还款能力不足的比例下降了2.81个百分点；阅读合同习惯有改善，仔细阅读合同条款的比例增加了12.31个百分点。

3. 消费者金融态度

整体来看，我国消费者普遍认可现金在日常生活中的必要性，对商家拒收现金持有明确的反对态度。在负债消费意愿方面，普遍持有谨慎的态度，仅有23.57%在购置大件商品时会考虑用足贷款额度。在对互联网金融产品和服务的态度方面，过半受访者对互联网金融产品和服务持肯定态度，也有不少人（34.97%）认为便利与风险并存。大部分受访者（88.91%）认可金融教育的重要性，且多数人（67.28%）认为针对青少年金融教育最有效的方式是通过学校课程教育。在金融投资的收益预期方面，整体上消费者对金融投资组合的收益预期具有非理性特征，仅有28.23%的受访者的金融资产整体收益预期在0~5%之间。

与 2019 年相比，受访者对金融教育的重视程度有所提升，认为金融教育非常重要的比例提高了 14.04 个百分点，认为金融教育不重要的比例则下降近 10 个百分点。

4. 消费者金融技能

整体来看，我国消费者在日常收支管理方面表现良好，大多数处于收支盈余或平衡状态。在应急储蓄方面优势明显，78.41% 的受访者可以应对相当于 3 个月收入的意外支出。在通过互联网渠道获取金融产品或服务信息的群体中，受访者大多能够意识到要通过资质来辨别金融营销宣传，71.15% 的受访者认为要通过查看金融牌照来辨别，53.57% 的受访者认为要通过金融营销人员的资质来辨别。在有阅读合同习惯的群体中，八成以上受访者能够理解金融产品合同的关键性条款。71.96% 的受访者知道如何正确处理假币，即交给商业银行或公安机关。74.69% 的受访者在使用 ATM 机时具有密码保护意识。在金融消费纠纷处理方面，受访者基本能够选择正确的投诉渠道。

与此同时，部分消费者要提高债务管理能力，41.03% 的受访者感觉债务负担较重或非常重。在面对互联网上的高利诱惑时，近半数受访者没有第一时间查看资质或直接拒绝。消费者在做出决策时更多依赖自身经验和知识，而非寻求第三方专业力量的帮助，容易因过度自信等因素而产生不良后果。

与 2019 年相比，消费者在理解合同条款、应急储蓄、选择金融消费纠纷处理渠道方面有较为明显的改善；在 ATM 密码保护、假币处理等传统技能掌握方面有所下降。

5. 综合分析及主要结论

（1）我国消费者金融素养的整体情况。

报告对变量客观赋权并计算消费者金融素养指数。结果显示，全国消费者金融素养指数为 66.81，与 2019 年相比提高 2.04。其中，金融知识平均得分为 65.21，金融行为平均得分为 73.9，金融态度平均得分为 78.12，不同人口统计特征的群体金融素养水平呈现一定程度的分化。

从年龄维度来看，我国消费者金融素养分布呈现倒"U"形。30~40 岁群体金融素养最高，平均分为 67.56；18~30 岁群体得分 66.64；得分最低的为 60 岁以上的群体，平均得分 63.61。

从学历维度来看，学历越高金融素养水平越高，金融素养水平与学历呈正相关关系。研究生及以上学历消费者金融素养水平最高，平均得分 70.29，小学及以下学历消费者平均得分 60.67。

从收入维度来看，中低收入组中，收入越高，金融素养水平越高，但最高档收入群体的金融素养水平并非是最高的，月收入在 1 万~2 万元的消费者金融素养水平最高，平均得分 70.28，月收入在 2000 元以下的消费者平均得分最低，为 61.01。

从职业维度来看，全职工作的消费者金融素养水平最高，平均得分 68.72，暂时没有工作的金融消费者平均得分最低，为 61.14。

从性别维度来看，两者没有明显差别，男性金融素养平均分 66.98，女性金融素养平均分 66.63。

从城乡维度来看，农村地区消费者金融素养水平低于城镇地区，城镇地区金融消费者平均得分为 68.06，比农村地区高 3.45 分，其中金融知识方面的差异最大，农村地区消费者的金融知识得分 61.13，比城镇地区低 6.41 分。

从地区维度来看，整体上呈现东高西低的态势，东部地区消费者金融素养水平最高，平均分为 68.39，比西部地区（最低）高 3.15 分，中部地区为 66.7 分，略高于东北地区的 66.21 分。

（2）我国消费者金融素养的特点。

从国际比较来看，我国消费者的金融素养处于中等偏上水平。本报告从金融知识、金融行为和金融态度三个维度对 44 个经济体进行比较分析，并根据指标的代表性和可获得性，选取货币的时间价值、单利计算、投资分散化原理、风险收益关系等 4 个指标衡量金融知识，选取收支管理、按时还款、购买保险等 3 个指标衡量金融行为，金融态度指标选取储蓄倾向来衡量（即更加偏好长期而非短期），对每个指标赋予 100 分，取平均值计算出金融素养得分并进行排名。

总的来看，我国消费者的金融素养水平综合得分处于中等偏上水平，在 G20 国家中排名较好。其中，在金融知识方面，我国消费者在利率计算方面优势明显，在投资分散化原理及风险收益关系的理解上存在不足；在金融行为方面，我国消费者在日常收支管理和按时还款方面表现突出，但在购买保险产品方面较为薄弱；在金融态度方面，我国消费者具有明显优势。

从金融态度来看，我国金融消费者在应急储蓄方面具有优势。新冠肺炎疫情对金融消费者的财务韧性是一次考验，报告将家庭的应急储蓄（反映家庭的财务韧性）作为考察指标，观察金融消费者是否会将长期主义态度转化为实质性的储蓄行为，提高自身应对不可预期财务冲击的能力。结果显示，我国消费者在应急储蓄方面遥遥领先，78.41% 的金融消费者能够应对相当于 3 个月收入的应急支出。

从金融知识来看，消费者对分散化投资理念缺乏足够的认识，仅有 48.37% 的受访者能够正确认识到投资单一股票的风险要比股票型基金大，与 2019 年相比，这一准确率下降了 9.71 个百分点。调查还发现，消费者对金融投资的收益预期呈现非理性特征，在有金融投资行为的群体中，仅有 28.23% 的受访者的收益预期在 5% 以内，且中青年群体的非理性程度更大。非理性的投资预期可能会导致非理性的投资行为（典型例子是"羊群效应"），可能加大金融市场的波动。

从数字金融使用来看，金融消费者在日常消费中首选手机支付，但物理意义上的现金仍然是大部分受访者不可缺少的支付方式，且消费者很难接受拒收现金现象的发生。最近两年 77.02% 的受访者表示使用过手机进行付款，71.32% 使用过现金进行支付。现金主要用于小额支付场景，83.40% 的受访者表示最经常支付的金额在 500 元以下。在商家拒收现金方面，使用过现金的金融消费者普遍持反对态度，83.82% 的受访者表示不能接受商家拒收现金，且与年龄具有相关性，年龄越大的群体持反对态度的比例越高。在实际经历中，超过 93% 的受访者表示没有遇到过拒收现金的情形，说明金融消费者在使用现金支付时被拒绝是少数情形。

从重点群体来看，老年人对金融数字化的适应能力存在不足。2019 年版的《消费者金融素养分析报告》提出数字化对金融素养的影响整体是正向的，可以概括为促进和滞后两种作用方向相反的效应，在年轻人身上主要是促进效应发挥作用，而滞后效应会阻碍老年人金融素养的提升。本报告从使用手机进行支付和利用互联网渠道获取金融信息两个方面做了进一步分析。通过手机进行支付是一项较为基础的金融技能，调查发现年轻人和老年人之间存在数字鸿沟，过去两年 18~30 岁群体中有 85.77% 使用过手机支付，而在 60 岁以上的年龄段中，这一比例为 42.59%。

在我国，使用手机支付可以看成是较为简单的数字金融能力，而能够主动通过互联网渠道（包括电脑和智能手机）获取金融信息，则是一项较为关键的技能，能够集中体现受访者的金融消费方式，也是其能够适应金融数字化趋势的体现。调查结果显示，通过互联网获取金融产品和服务信息不是老年人擅长的方式，60 岁以上的群体中仅有 25.09% 会将互联网作为获取金融产品和服务信息的渠道，而在 18~30 岁的年轻群体中有 64.27% 会将互联网作为获取金融产品或服务信息的渠道。

此外，老年群体对金融机构物理网点和现金使用有更强的偏好。63% 的 18~30 岁年龄段受访者通过金融机构网点获取金融产品或服务信息，而 60 岁以上的老年群体中高达 80.94% 的受访者偏好金融机构网点。现金使用方面，年龄越大的群体，使用现金支付的比例越高，60 岁以上的群体中有

86.20%在过去两年使用过现金支付。

（3）主要发现。

一是从国内来看，总体上我国消费者的金融素养水平在逐步提升。其中，我国消费者在金融态度上的表现较好，在金融行为和技能的不同方面体现出较大的差异性，还需要进一步提升基础金融知识水平。

二是从国际比较来看，我国消费者的金融素养水平在全球处于中等偏上水平。其中，在金融态度方面我国具有优势，在基础金融知识方面还有差距。

三是我国消费者有较为充足的应急储蓄，对疫情下的经济复苏形成有力支撑，是我国经济韧性强的表现之一。

四是消费者对分散化投资等基本金融常识缺乏足够的认识，同时对金融投资的收益预期呈现非理性特征，容易产生非理性的投资行为，可能加大金融市场波动，需要进一步提高金融教育战略地位。

五是从重点群体来看，我国消费者金融素养在年龄上的分布呈现倒"U"形，老年人和青少年的金融素养水平相对较低，"一老一少"是金融教育持续关注的重点对象。其中，老年人在适应金融数字化方面还存在明显的不足，主要依赖传统渠道和方式满足自身的金融需求。要关注老年人的数字金融转型风险，保持足够耐心，避免老年人在转向数字渠道时遭到非法金融活动的侵害，加大对老年人的金融消费权益保护。

六是我国金融消费者在日常消费中首选手机支付，但大多数人在过去两年有使用现金进行小额支付的经历，且被拒收现金是极少数情形，绝大多数金融消费者认为拒收现金性质恶劣，并持反对态度。

二、资产配置、投资结构与行业板块

论及投资的操作技巧,首先需要考虑的应该是市场分析的次序,即判断大盘趋势。前文提及的一些技术分析指标,基本上就是以大盘为对象的。在此强调的实际是大盘与行业和个股的相关性问题。有统计数据表明,一般大盘见顶时,90%~95%的个股也是处于顶部的;而大盘见底时,约80%~90%是见底的。当然,这个数据仅具有参考价值。不过,大体上只是量比的差异,不会有质的区别。

其次是行业板块,系指哪些板块属于主流板块,哪些属于非主流板块和所谓冷门板块等。有观点认为主流板块应包括金融、稀缺资源、消费和旅游等,即一些大市值和热门行业。近期的冷门板块是地产、快递等与政策和时间周期相关的行业。如此,非主流板块就容易定义了,即除主流和冷门之外的绝大多数板块。当然,板块的热度是一个流动的概念,所谓风水轮流转,也是一个规律。

再次是行业细分,主要指有大量资金聚集的最热门的板块。如 2021 年 10 月,南方财富网提出了一个 A 股前十大股票的市值排名:贵州茅台、工商银行、招商银行、农业银行、中国石油、中国人寿、中国银行、中国平安、中国中免、海天味业。其中,最高市值的贵州茅台有 2.3 万亿元,最低的海天味业有 4734 亿元。如分别计算一下两者上涨一个 10% 各需要多少资金,就可以从中判断出其上涨的潜力还能有多大,即贵州茅台需增加 2300 亿元,海天味业需增加 473.4 亿元。而期间 A 股每日的总成交额也仅有 4000 多亿元。所以,结论是最热门的股票与小资金关系不大。

西南财经大学联合中国人民银行对全国 25 个省、80 个县、320 个社区共 8438 个家庭进行抽样调查后,于 2021 年 2 月发布《中国家庭财富指数调研报告》。报告指出,在家庭资产变动方面,根据测算,对财富增加的家庭来说，住房资产增加贡献了69.9%，金融投资价值增加贡献了21.2%，可支配现金和工商业经营总的贡献在10%以内。金融投资和住房资产变动是导致家庭财富减少的主要因素。对财富减少的家庭来说，金融投资价值减少贡献了46.0%，住房资产减少贡献了33.4%，可支配现金减少贡献了19.2%。

2020年住户贷款和存款余额为57.9万亿。从2019年起，家庭在线上投资的占11.3%。家庭投资理财平均收益率为2.3%，其中51.0%的家庭投资理财收益基本持平，35.8%的家庭投资理财收益为正。在家庭收入和资产配置方面，城镇家庭平均资产247.6万元，高收入家庭储蓄占74.9%，城镇家庭年可支配收入70876元，乡村家庭年可支配收入22278元，有150万家庭的年收入超过100万元。另据社科院统计，2020年中国居民财富总额达547万亿元，其中金融资产比重为57%，居民财富年复合增长率为12.38%。

2020年4月，中国人民银行调查统计司发表的《中国城镇居民家庭资产负债情况调查》的结论显示，我国城镇居民家庭总资产为317万元，家庭资产以实物为主，其中约70%为房产；城镇居民家庭住房拥有率96%，户均拥有1.5套住房，金融资产占比为20.4%，户均金融资产64.9万元，其中金融资产最高的10%的家庭占比58.3%；家庭负债率为56.5%，负债集中，房贷占家庭总负债的75.9%，资不抵债的家庭只有0.4%；城镇居民家庭净资产均值为289万元；城镇居民家庭资产负债率为9.1%，居民债务风险可控；我国居民投资偏好无风险金融资产。

在投资方面，《北京商报》引述中国人民银行调查统计司发布的《2021年第一季度城镇储户问卷调查报告》的数据显示，在我国居民的投资方式中，银行占比47.6%，证券占比28.4%，保险理财占比17.6%，情况有所改变，如图5-1所示。

第五章 投资者操作行为分析

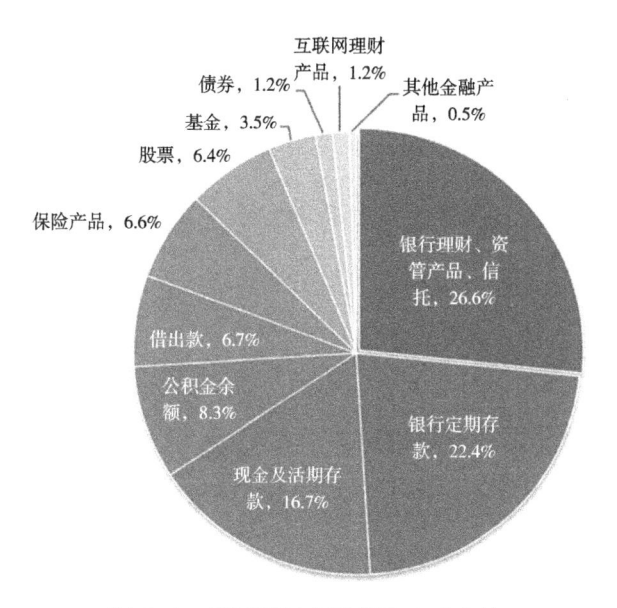

图 5-1 我国居民各种投资方式占比

2021 年 6 月，华西证券制作的一张数据图表（见图 5-2），展示了 A 股市场的投资者持股市值比例，以及境内专业机构的持股细分结构。

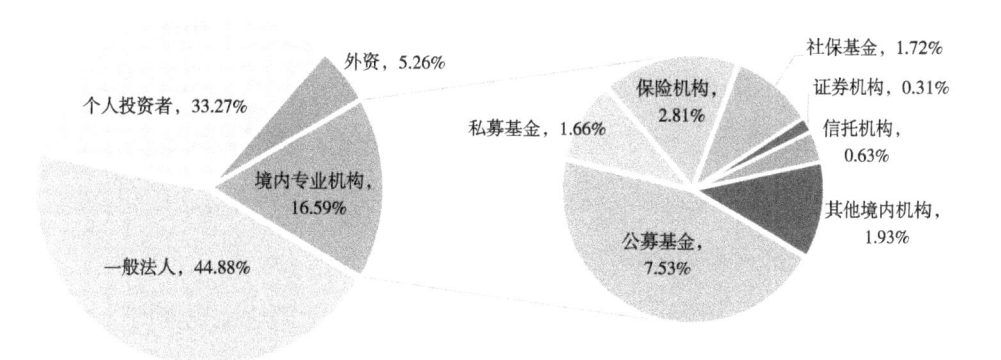

图 5-2 A 股市场的投资者持股市值比例以及境内专业机构的持股细分结构

再看其他一些官方机构发布的报告。根据中国人民银行数据，截至 2020 年 12 月末，人民币存款余额 212.57 万亿元，其中住户存款余额为 93.44 万亿元；根据银行业理财登记托管中心发布的《中国银行业理财市场年度报告（2020 年）》，截至 2020 年底，银行理财市场规模达到 25.86 万亿元；根据中国基金业协会发布的 2020 年公募基金市场数据，截至 2020 年 12 月底，我国公募资产管理规模合计 19.89 万亿元；根据中国基金业协会数据，截至 2020 年底，我国私募基金存续规模为 15.97 万亿元。另据估计，到 2020 年底，全国信托资产规模将降低到约 20 万亿元以下。以此累计约为 81.72 万亿元。

2021 年 6 月，华西证券指出，截至该年第一季度，在 A 股流通市值中，机构测算的结果是：一般法人持股占比最高，为 44.88%；个人投资者次之，为 33.27%；外资持股市值占比为 5.26%；境内专业机构投资者合计持股市值占比 16.59%。在境内专业机构投资者范围内，公募基金、保险、社保和私募基金持股占比较高，依次为 7.53%、2.81%、1.72% 和 1.66%。2021 年 7 月，财新网发布的《2021 中国住房市值报告》显示，2020 年中国住房市值为 62.6 万亿美元，约合 418 万亿人民币，达到 GDP 的 4.1 倍。

参考 2021 年三季度 A 股流通总市值约 71 万亿元，个人投资者以占 33.27% 计算，约合 23.62 万亿元，再加上以上数据，中国住房市值 418 万亿元、住户存款余额 93.44 万亿元、金融资产 81.72 万亿元，由此即可得出我国城镇居民拥有的总体市场资产规模（累计 616.78 万亿元）和配置比例，即中国住房市值、住户存款余额、金融资产、流通市值所占的比例分别为 67.77%、15.15%、13.25%、3.83%。其中，乡村人口的理财、城镇居民的车辆及其他耐用消费品均未计算在内。

综合以上调研报告，可以看出两点：第一，由于调研范围和时间上的不同，数据并不一致；第二，我国城镇居民家庭财富增长明显，这一点仅从居民家庭资产总值的变化就可看出。

三、盘面分析与操作策略

盘面分析包括涨跌的原因、动力、资金类型、操作方法、盘面表现等。

例如，2019年8月14日，同花顺财经曾发表过一篇题为《如何进行盘面和技术分析》的文章，对股市的盘面分析做了如下概括。

（1）对大盘，大盘股（白线）上得比小盘股（黄线）快，要出现回调，而黄线上涨比白线快，则会带动白线上。（注：文章依据的是趋势线分析方法。）

（2）大盘中，在昨日收盘指数水平线的上方有红色柱状体出现，而下方有绿色体出现，这代表涨势和跌势，红色占绝对优势，表明多方势强，反之空方强。（注：应指MACD的红和绿的柱状线。）

（3）成交量大的股票开始走软，或者前期股市的热门板块走软，当小心行情已接近尾声。

（4）股票基本走软，市场在热点消失还没有出现新市场热点的时候，不要轻易去买股票。

（5）成交量屡创天量，而股价涨幅不大，应随时考虑派发，反之，成交量极度萎缩不要轻易抛出股票。

（6）大盘5分钟成交明细若出现价量配合理想当看好后市，反之要小心。

（7）成交量若上午太小，则下午反弹的机会多，如上午太大，则下午下跌的概率大。

（8）操作时间最好在下午，因为下午操作有上午的盘子做依托，运用60分钟K线分析可靠性较好。

（9）上涨的股票若压盘出奇的大，但最终被消灭，表明仍会上涨。

（10）一般股票的升跌贴着均价运行，若发生背离将会出现反转。

（11）盘面经常出现大手笔买卖，买进时一下吃高几个档位，表明大户在进货。

（12）个股在盘整或下跌时，内盘大于外盘，且阴线实体小，成交量大，日后该股有行情的可能性大；大盘暴跌，而该股没跌多少或者根本没跌，下档接盘强，成交放得很大，后市有戏的可能大。

（13）股价上冲的尖头绝对多于下跌的尖头时当看好该股。

（14）在下跌的势道里，应选逆势股；在上涨的势道里，应选大手笔买卖的股票。

（15）开盘数分钟就把股价往上直拉，而均线没有跟上，往往都是以当天失败的形式而告终。

（16）当日下跌放巨量，但收的阴线实体不大，而且大部分时间在昨日收盘以上运行，则第二天涨的机会多。

（17）涨幅在5%~7%，内盘大于外盘，高点不断创新，低点不断抬高，说明有机构大户在进货。

（18）分价表若是均匀分布说明大户不在里面，否则有大户介入。

从以上的内容来看，该文章分析盘面的视角非常广阔，涉及了趋势线、MACD、一日内的量能变化VOL、60分钟K线，甚至还有用于诊断个股内盘和外盘的量能对比和分价表。其中分价表主要是用于观察竞买率，其具体作用包括：显示交易者的日持仓成本；判断股价的阻力位与支撑位；通过当前价位每笔的手数量，分析买卖能量；比较个人的交易成本与市场交易成本的差距。此外，还有成交明细表，用于观察每个时段的买卖力度。这些一般存在于炒股软件中。

关于如何进行技术分析，文章列出的要点如下。

（1）K线图中若出现缩量、价窄、盘轻、指标走强，且周线也出现类似的情形，有望成为黑马。

（2）均量从底部往上突破有行情；均线站牢10次均线买进。

（3）股价连续脱离均线往上，除均线多头排列，应抛出股票为好。

（4）成交量呈波浪上升，但每根阳线实体不大而上影线较长，小心在拉高出货。

（5）股票在低位盘整连创十字星并缩量，表明后市可能会涨；反之在高位，后市看跌。

（6）K线连续下跌，成交量连续放大，这时出现一根上升的长量（线），价升量增，内盘大于外盘，同板块也类似，当及时跟进，有望上行。

（7）MACD零轴突破看好，飞离红色柱状体当看空，贴着红色柱状往上看好，DIF与MACD"金叉"当看好，DIF平盘往上当看好；BOLL线窄幅平盘，突然开口往上当看好，碰上轨要回档，触下轨有反弹，中轨突破涨势强烈。

（8）14日RSI在80时要抛出，在20日以下可买进；KDJ"金叉"向上看多，"死叉"向下看空；OBV平盘30次，突然往上突破前高看多；ASI突破前高为真突破，反之小心假突破。

（9）盘整时KD在20以下第一次"金叉"不急于进货，第二次"金叉"可适时买入；KDJ在80以上形成第一次"死叉"不急于抛出，第二次可坚决离场；W%R指标（即威廉指标）不能连续触顶或高位盘整，W%R指标连续触顶4次以上当抛出。

与盘面分析比较，在技术分析中又多了BOLL线、RSI和W%R指标。此外，文章还指明了同时使用组合分析与综合分析判断市场行情的重要性。

总之，炒股的策略与技巧有盘面观察、行情判断、价值分析、投资组合、仓位管理、买卖交易、分时操作、分红收益、选股、止损、跟庄，以及如何选择和使用炒股软件等。目前的炒股软件已有了第五代产品。炒股软件代的划分是根据利用手机实现移动炒股的发展而来的。第一代手机炒股只能看行情；第二代可看分时图、K线图，甚至支持股票交易；到第三代时，运营商已经全面提高了移动网络交易，并增加了短信提示功能；第四代可在3G移动网络下炒股，并实现了在iPhone、Android和Windows不同系统上的操作；第五代手机炒股增加了国债、货币基金行情和交易，包括指数基金、分级基金、债券基金等。

股票软件的实质是通过对市场信息数据的统计，按照一定的分析模型来给出数据报表、指标图形、资讯链接。一些傻瓜式的易用软件会直接给出买卖的建议。炒股软件的功能除提供大盘走势、行情分析、热点、龙头、风险提示等，还可显示根据行情选股、主力建仓、洗盘、拉升、出货的特征，以及对标的物属性的跟踪和预警。

四、选时——周期与节奏

1. 周期的波动性

如前所述，可以看出KDJ、MACD、波浪理论三者的技术形态呈现出了非常明显的股市周期性运行的特征。其基本原理实际上有两个。一个是受黄金分割原理影响的持股人的盈亏心理的主导；另一个是经二次数值运算后，股价走势显示出的周期性波动更加明显，这主要体现在KDJ与MACD之中。由此看来，掌握所谓股市人人尽知的"高抛低吸"似乎并不困难。然而，尽管如此，很多人却很难做到保证不亏损。原因很简单，影响股市运行的因素太多了。不过，这其中最重要的还是如何选时，以及把握持股周期。此外，与选股比较，选时重于选股，也难于选股，因为选时是动态，选股是静态。

在通常情况下，有关股市如何选时可以总结为以下八点。

（1）KDJ的5分钟时段，是买入或卖出的最佳时机，其持续时间约为30~45分钟。

（2）30分钟KDJ可近似预测约2~6小时的行情。

（3）30分钟的MACD可预测约1.5日~1周的行情。

（4）日线的MACD可预测约1~2个月的行情。

（5）周线指标的KDJ和MACD处于最高或最低点时，是抛出或买入的重要周期。需注意的是KDJ快于MACD，MACD准确度高于KDJ，并且，可操作时间约为3日。如果错过这个时间节点，那么接下来股市的运行周期将会约有 1 个多月，或长达 10 个月的时间。此处，需要注意的是周期的长短与准确度的关系。

（6）判断大盘前期的重要阻力或支撑位，则必然要参考 MA 月线，或者季线的技术形态，然后再进行市值计算和大周期的量能分析。

（7）在分时或周期下，做 VOL、KDJ、MACD 的组合技术分析。

（8）长期买入或卖出的时间点是把握大周的市值计算与量能分析，这是由 A 股自身特有的运行规律所决定的。数据采集范围需要以月线或季线作为依据，时间跨度长达数年。这看似简单，但需要收集，或预先就保留有大量的历史数据。另外，更重要的是需要计算出 A 股由于大幅度涨跌所形成巨量的套牢盘和获利盘的量。其次，也要通过经验数据，掌握大量套牢盘和获利盘的抛售比例，以及期间 IPO、解禁值和新基金的量。

2. 持股周期

炒股其实既复杂又简单。因为，股市的基本规律是大多数的个股都会随大盘按"周期性震荡"的方式涨跌，且总体向上，这种震荡的周期既可分为短期、中期、长期等，又存在一种"嵌套式"的关系。如此，对于投资者而言，问题可以简化为，你的持股周期究竟想依从其中的哪一个呢？关于这一点，在上文介绍波浪理论时已经有所描述，即该理论至少已经描述了一个存在三层嵌套关系的"浪中浪"。换一个视角，所谓"浪中浪"其实就是一种嵌套的周期。对此可供参考的一个实例是 2021 年 12 月 13 日，上证股指从 3708 的最高点开始下跌，直至 2022 年 1 月 28 日跌至 3356 的最低点，历时约一个半月。此时的日 MACD 在形态上表现为一个完整的周期，在时间上也与 K 线完全同步，但在此期间的 KDJ 多经历了两次中等的周期震荡。所以，周期嵌套不仅是对相同技术指标而言的，更具有实际意义的是出现在 MACD 和 KDJ 之间。并且非常重要的是，只要 MACD 没有处在底部，都存在下跌的可能。

此外需注意的是：第一，配合选时也需要注意股价的阻力与支撑位。

中期买入或卖出的时间点是，在日线 KDJ 和 MACD 的图形中，判断股价上方或下方由密集成交区或跳空缺口所形成的阻力位或支撑位，因为这是大量套牢盘或获利盘所处的位置，其持续时间约为 1 周至数周。第二，周期越短越有效，周期越长模糊度越高；大周期决定小周期，长周期决定短周期。如何选择，决定于投资者个人的持股周期。第三，指标钝化一般并没有引起投资者的注意。实际上指标钝化类似于窄幅波动，与算法有关。解决的方法是缩短指标的周期或时段，而不是将其忽略。

3. 操作节奏与技巧

（1）选择时间窗口。

选择时间窗口之意是按不同的分时与周期进行操作。行情软件中的分时与周期包括 1 分钟、5 分钟、15 分钟、30 分钟、60 分钟、日线图、周线图、月线图等，其中时间间隔越短的技术图形变化频率越快，反之，时间周期越长的技术指标具有越强的指示作用。另外，需要掌握的重点在于，从短周期行情向长周期行情发展存在递推效应，即下跌过程中，在短周期的技术指标还未走好的情况下，长周期的技术指标当然不会走好。

均线的周期性虽然没有 KDJ 和 MACD 那么显著，但是其参考价值同样重要。设置分时图中的均线时，最好能适当简化，如以 10、20、60 的周期为宜，这样便于观察。再者，另有建议认为最好能将 480 分钟（相当于 30 分钟分时中的 60 天）和 240 分钟（相当于 60 分钟分时中的 60 天）也分别设置在 30 分钟和 60 分钟的分时图的均线中，因为 60 天线是重要的生命线，分时中的均线与其的关系是行情发展变化的关键。

关于股价在重要拐点之间的时间间隔，一般以日线图和周线图作为参考周期。这里需要注意的是，股价上涨和下跌的时间周期与多种因素相关。其中之一是，如果上涨或下跌的幅度增大，则其周期可能缩短；反之，则可能延长。与水平震荡频率相同，拐点之间的垂直变化率也可能成为新一波行情变化的起点。不过，这其中的道理是相对的，例如股市中虽然有

"横有多长,竖有多高"的说法,但是同时也有"久盘必跌"的说法。因此,具体问题具体分析,掌握综合判断的能力仍是十分必要的。一般短期技术指标的特点是误差小、随机性强和时效性差;长期技术指标的特点是误差大、可靠性和时效性都强。

(2)组合分析、综合决策。

个股行情走势的判断维度包括长短周期的 KDJ、MACD、BOLL 线,支撑与阻力位的区间量,当日内外盘比、进出资金结构,大盘走势,投资价值变更等多个指标。操作上一般是先大盘后个股,先短周期后长周期,先 KDJ 后 MACD。长短周期技术指标同步和异步的组合方式有 4 种:长短周期均在低位——果断买入;长短周期均在高位——果断卖出;长在低位,短在高位——待机买入;短在低位,长在高位——快进快出。操作节奏上,30 分钟 KDJ 适于当日的短线操作,60 分钟日线 KDJ 适于中线操作,周线 KDJ 适于长线操作。

当周 KDJ 出现钝化时,可多角度参考 MACD、布林线、均线、量能等其他技术指标。因短周期的布林线不如 KDJ 简单、快捷,具体操作时需注意比较指标的误差与时效,如 30 分钟 KDJ 快于 15 分钟 MACD。据观察,在 60 分钟的周期内,MACD 与均线的走势和形态最为接近。而对中、长线而言,抄底或逃顶时,需同时观察 30 分钟、60 分钟、日线和周线的状态,是否出现了由短周期向长周期的传导机制,而后做出综合判断。在这期间观察 30 分钟 MACD 和 KDJ 是否已接近底部或顶部尤为重要。因为,当股指处于这一关键节点时,MACD 的趋势性和稳定性都好于其他指标,而 KDJ 快于 MACD,这对于观察周线的技术形态是十分必要的。此外,通过观察同花顺中的"筹",还能将股指当时的点位与市场平均成本的集中度和盈亏比例显示出来。这将能增强对于总体行情的判断。

传导机制完成后,当 30 分钟指标再次回到低点或高点时,为最佳买卖时机。此为四周期技术指标的组合应用。为提高技术分析的可靠性,运用

MACD 和 KDJ 指标时，还可结合 K 线、均线或通道理论，尤其是 MACD 和 KDJ 指标未在底部或顶部时。中、长线可供操作的时间比较充分，一般在两天以内。

另有投资者给出的实战经验是：5 分钟的 KDJ 和 MACD 的应用，也可结合 10:30 和 14:40 这两个盘面的时间节点，来完成短线的抄底。15 分钟 KDJ 的意义在于决定是否可做短线操作，因为其可持续大约 2 小时。同样，操作应在大约上午 10 点，或更多时在下午 2 点半进行。另外还需注意的是，买卖个股总要受到大盘的影响，因此，在操作时点上，个股买入的条件有四个：大盘在近期底部（日线）企稳；上午的行情要在 10:30 左右，下午在 2:40 以后；最早的左侧交易要在 30 分钟 KDJ 企稳；大盘与个股的近期最低点。

30 分钟 KDJ 和 15 分钟 MACD 在上端是短线的离场机会，两者的不同在于：KDJ 快、易钝化、日线中的 J 基本是满幅震荡，适于左侧交易和涨跌周期判断；MACD 慢、带红绿柱、周期长、有时是半幅震荡，适于右侧交易和趋势判断。满幅震荡指示性强，半幅震荡具有不确定性。当 KDJ 钝化时，可参考 MACD 的状态，而当 MACD 处于中间位置时，可参考 KDJ 的位置。另外，由于 KDJ 与 MACD 的时间差约为 8~10 个周期，例如，30 分钟 MACD 与 60 分钟 KDJ 状态相似，60 分钟 MACD 与日线 KDJ 相似，并且用后者判断行情走势尤为重要，因此趋势稳定的时间一般认为是三天，振幅在 5% 左右。由于 KDJ 一般是满幅震荡，所以便于做时间周期的判断，而 MACD 变化相对缓慢，且带有红绿柱，所以更适于做趋势的判断。

60 分钟技术指标的重要性在于，每日的行情是以 4 小时计算的，而 KDJ 与 MACD 的震荡周期又是以约 8 的倍数变化的，因此用 60 分钟技术指标观察行情更为方便。另外需要注意的是所谓"背离"，除其他指标和量价的"背离"之外，形态变化较缓的 MACD 也存在与均线的"趋势背离"。比如，MACD 的底部在逐步提高，而均线的底部却在逐步降低。这一般是在短周期，如60分钟以下的MACD内出现。

对于日线，市场上大众判断行情的依据多以日K线和日均线为主，并认为股指连续三天的走势才具有趋势效应。对此，用60分钟MACD与日K线和日均线做比较意义特殊，因为，前者是后者的左侧。而在日线中，当KDJ在底部出现"金叉"时应是较早和较可靠的买入时机。

周线MACD在上端时，当DIFF线走平之际是最晚的卖出机会，也是最大的获利机会。周线MACD与月线KDJ和其相应的均线最接近。时间窗口和通道理论适用于做长线投资的趋势分析。此外，买卖双方挂单量与金额的对比，作为支撑与阻力的密集交易区的点位，以及大资金与散户谁在买、谁在卖等，也可用作趋势判断。周线MACD比KDJ更直观、简明，但要获得最大收益，如不做波段，则需忍受其1个月内200~300点的波动。需要关注的还有所谓"均线黏合"，其含义是在限定的时期内股指上方无套牢盘，在下方也无获利盘，此时，多为变盘的节点。

（3）跟庄。

中国股市的特点是起步晚，以散户为主，并且散户的资金少，所以跟庄成为股市技术分析中主要的议题，这样引出的问题便是资金博弈。在东方财富全网的技术指标中已有了可按超大、大户、中户和小户划分的资金流动行情的趋势图，在同花顺的技术指标中也有几个市场、各板块以及各股的资金流向显示图和数据。目前来看，二者的区别在于东方财富全网的技术指标覆盖面更广，而同花顺的技术指标更着重于几个市场的大盘分析；二者的相同点在于，它们都可以作为一种辅助量化分析的手段。

实际上，跟庄方式又可分为两种。一种是利用炒股软件中个股的技术形态，主要是量能的变化跟庄。另一种是根据机构投资者对上市公司的前期调研跟庄，例如，据财经时评的报道，2021年12月16日至22日，嘉元科技接受了224家机构的调研，温氏股份接受了171家机构的调研，12月21日至23日，到精研科技和天赐材料调研的机构分别为188家和71家。

（4）风险偏好。

投资者都知道把所谓"高抛低吸"作为操作的原则，但是真正能做到的属于少数。其原因是，要想使操作节奏与股指的运行和波动的节奏保持一致，并不是一件容易的事。

首先，从时间周期，即坐标纵轴来看，如 30 分钟分时图的 KDJ 指标在底部或顶部时，其有效时间约为 2~6 小时；60 分钟分时图的有效时间约为 2~5 天；日线分时图的有效时间约为 1.5~2 周；周线分时图的有效时间约为 2~3 个月。所以，所谓"高抛低吸"的基本原则就是看投资者究竟按哪一种周期或节奏操作，小周期、中周期还是大周期，周期选择的不同，其操作方式也将不同。

应当知道，所谓左侧交易与右侧交易是对于日线图而言的，即如果根据 30 分钟和 60 分钟的技术图形操作，这里的右侧其实就是日线中的左侧。这个问题也就是所谓风险偏好的问题。如果按风险偏好对投资者进行分类，其中最激进的投资者是只凭感觉操作的，然后是按趋势线操作的，再就是按 30 分钟、60 分钟、日线技术图形操作的，比较保守的投资者只按日图的右侧操作，而最保守的投资者可能同时要求周线图与日线图的多种技术指标都一致时才进行操作。

其次，从价格水平，即坐标横轴来看，操作的节奏需要按多种支撑位与阻力位来进行，包括量能线和缺口。此外，如果主要考虑时间和价格两个参数，而非周期，那么操作节奏的参照物就是前面所讲的趋势线和均线。

五、选股——行业、估值、白马、黑马

从方法论的角度来看，选时主要依据的是股票的技术形态，而选股则是与模型相关的。国际上对于企业经营状况的评估有所谓十大战略模型，包括 SWOT Model、SCP Model、ROS/RMS Matrix、SPACE Matrix、Porters

Five Forces、BOSTON Matrix、Strategic Clock、Porter Value Chain、34 Matrix、33 Matrix。并且,十大模型中的每一个都有细致的分析和详尽的说明。

与之相比,国内股市有一些简化的选股方法,例如选择强势股、看分红派息、选择小盘股、注重行业龙头、看企业的成长性、关注企业的抗风险性能力、选择特殊品牌股等。综合上述各种选股策略,也可以将其归纳为按行业、估值、白马、黑马选股。

1. 行业

前文提及的选股不如选时,从方法论的角度来看,选时就是以股票在时间参数上的技术形态为依据,而选股涉及的则是企业的市场价值及其在行业中所处的位置。按照国家统计局2017年发布的新版行业分类,我国共有20个门类、97个大类、473个中类、1380个小类。因此,涉及行业发展的分析与预测需按照以上类别,去搜索各自所需的各类专题报告。如表5-1所示,为各行业的简单估值对比。

表 5-1 各行业的简单估值对比

行业名称	滚动市盈率	静态市盈率	市净率	股息率
农、林、牧、渔业	28.29	14.6	3.67	1.86
采矿业	10.64	21.14	1.08	3.94
制造业	29.33	38.81	3.88	0.91
电力、热力、燃气及水生产和供应业	18.84	18.87	1.57	2.26
建筑业	7.26	8.29	0.79	2.3
批发和零售业	17.78	20.5	1.61	1.33
交通运输、仓储和邮政业	11.81	20.77	1.5	1.37
住宿和餐饮业	0	176.08	3.24	0.09
信息传输、软件和信息技术服务业	37.49	39.96	2.99	0.45

续表

行业名称	滚动市盈率	静态市盈率	市净率	股息率
金融业	7.48	8.18	0.76	3.57
房地产业	6.87	6.91	0.91	3.93
租赁和商务服务业	20.6	28.49	3.19	1.04
科学研究和技术服务业	57.82	61.47	6.13	0.34
水利、环境和公共设施管理业	22.13	23.91	1.87	0.87
居民服务、修理和其他服务业	0	0	0	0
教育	101.77	29.58	5.68	0.23
卫生和社会工作	64.19	92.77	11.07	0.17
文化、体育和娱乐业	17.79	20.88	2.01	1.22
综合	29.61	41.35	2.77	0.47

2. 估值

或称估值模型，是经济领域广泛使用的一种公司价值评估方法。市场上流行的估值法有很多，不同的估值方法适用于不同性质的企业。一些常用的炒股软件中，也会附带一些常用的估值软件包，供用户使用。

（1）市盈率（P/E），是反映市场对公司收益预期的相对指标。使用市盈率指标一般从两个方面考虑，一是该公司的预期市盈率（动态市盈率）和历史市盈率（静态市盈率）；二是公司市盈率和行业平均市盈率的对比。判断上市公司估值是否合乎要求的办法是：合理股价＝每股收益（EPS）×合理的市盈率。此外，滚动市盈率TTM＝现价/前12个月的收益总和。

（2）市净率（P/B），是从公司资产价值的角度评估公司股票的价格。市净率估值法主要适用于无形资产对其收入、现金流量和价值创造起关键作用的公司，例如银行业、房地产业和投资公司等，这些行业的共同特点是，虽然运作的资产规模大，但其利润额比较低。其次是高风险行业、周期性较强的行业，以及拥有大量固定资产并且账面价值相对稳定的企业。计算公式为：合理股价 = 每股净资产 × 合理的市净率。

（3）净资产收益率（ROE），主要用于衡量上市公司的盈利能力，适用于食品、家电、电子计算机等行业。其计算公式为：ROE= 股东权益报酬率/净资产报酬率。

（4）PEG估值法，是在市盈率估值法的基础上发展起来的，将市盈率与企业成长率结合起来的一个指标。该指标弥补了市盈率估值法对企业动态成长性估计不足的问题。PEG估值的重点在于计算股票现价的安全性和预测公司未来盈利的确定性。如果PEG大于1，则说明这只股票的价值可能被高估；如果PEG小于1，则说明该股票股价被低估了。通常上市后的成长型股票的PEG都会高于1，甚至在2以上。由于PEG需要对未来至少3年的业绩增长情况做出判断，因此大大提高了准确判断的难度。其计算公式是：PEG= 市盈率/企业年盈利增长率。

（5）市销率（P/S），一般用于确定股票相对于过去业绩的价值，以及一个市场板块或整个股票市场中的相对估值，P/S中的P是股价，S是销售额。市销率越小，比如小于1，通常被认为投资价值越高。市销率估值法的优点是销售收入最稳定、波动性小，并且营业收入不受公司折旧、存货、非经常性收支的影响，不像利润那样容易操控，收入也不会出现负值，即使净利润为负也可使用。所以，市销率估值法可以对市盈率估值法形成一种补充。市销率估值法的缺点是，无法反映公司的成本控制能力，即使成本上升、利润下降，没有影响到销售收入，市销率依然不变。市销率一般会随着公司销售收入规模扩大而下降，营业收入规模较大的公司市销率较低。

（6）DDM估值法，是一种股利贴现模型，属于绝对估值法之一，适用于业绩增长和分红均稳定的企业，主要如银行股。DDM模型是最为基础的模型，目前市场上主流的DCF自由现金流折现法，也大量借鉴了DDM的一些逻辑和计算方法。

（7）DCF估值法，即现金流折现法。DCF估值法与DDM估值法的本质区别是，DCF估值法是用自由现金流替代股利。DCF估值法适用于现金流稳定并且可以预期的企业，主要是消费和医疗等行业。

（8）市售率（EV/Sales），是评价上市公司股票价值的一个重要指标，即股票价格与每股销售收入之比。市售率与市销率的原理和用法相同，主要用作衡量一家利润率暂时低于行业平均水平甚至是处于亏损状态的公司的价值，其前提条件是投资者预期这家公司的利润率未来会达到行业平均水平。该指标只能用于同行业内公司的比较，通过比较并结合业绩改善预期得出一个合理的倍数后，乘以每股销售收入，即可得出符合公司价值的目标价。

（9）RNAV估值法，适用于房地产企业或有大量自有物业的公司。其计算公式为：RNAV=（物业面积 × 市场均价 – 净负债）/ 总股本。

（10）NAV净资产价值法，是指在一定销售价格、开发速度和折现率的假设条件下，地产企业将项目储备的现金流折现价剔除负债后的净资产价值，其主要用于对地产行业的价值评估。NAV估值法的优势在于它为企业价值设定了一个估值底线，对地产项目类公司尤为适用。NAV估值的缺点是，度量的只是企业当前有形资产的价值，而不考虑企业在品牌、管理能力和经营模式上的差异。

（11）EV/EBITDA估值法，适用于评价一些前期资本支出巨大，而且需要在一个很长的期间内对前期投入进行摊销的行业，比如核电行业、酒店业、物业出租业等。其计算公式为：EV/EBITDA= 企业价值（EV）/ 税息折旧与销售前利润（EBITDA）。

与依据组合技术指标分析行情一样，选股也有综合估值评估方法。2021年8月，东方财富证券发表了一篇《认识八大选股指标，避开绩差公司》的文章。文章提出了如何从8个基本面综合评价企业估值的方法，包括净资产收益率（ROE）、销售净利率、主营收入增长率、扣非净利润增长率、利润质量、负债压力、资产效率、业内地位等。

文章按以上8个指标量化评估某公司的实例，得出的结论是：将8大选股指标分别打分后，加总得到73分，显示公司基本面情况较为优质。从公司的财务基本面上看这无疑是一家理想的投资标的。但将价格安全性、行业竞争力考虑进去，公司的综合评分立即变脸，低至50.55分。对于这类综合评分较低的龙头公司，我们就需要三思后决定是否投资了。

在实际使用时，以上企业估值图解模型中的参数设定是灵活的，即根据需要可多可少，同样层级设定也可以是3级、4级或5级。用这种方式评价企业估值，比单纯的数字显示更具有直观效果。

3. 白马

从表5-1中的数据可以看出，滚动市盈率最好的行业是房地产、建筑和金融；市净率最好的行业是建筑、采矿和房地产；股息率最好的是采矿、房地产和金融。用综合指标衡量，房地产、建筑、采矿和金融明显领先。不过，这些指标主要集中于估值，并未涉及其他指标，如企业所处行业中的位置、企业的成长性和发展前景等。将以上这几个方面归纳一下，其实表中的指标显然是选白马股的指标，而成长性和发展前景显然是选黑马股的指标。

然而，我国A股的特殊性在于散户多，以追求短期效益、注重跟庄的操作手法、力求快速获得暴利为投资的主要目的。例如，有些股票市净率很高，属于大白马，但股价就是不涨。据《投资快报》统计的类似股票有民生银行PB0.37、华夏幸福（房地产）PB0.42、东旭蓝天（公共事业）PB0.51、东旭光电（电子）PB0.54等。这些股票不涨存在共同的原因，一是散户持股过多，大资金不愿进入；二是大股东们将年利润投入了其他业务；三是大股东们并不关注企业品牌价值等，如此的投资理念与国际投资者完全不同。实战中，处理此类股票的办法有三个，一是依据其分红的情况长期持有；二是分红前介入，分红后撤离；三是关注其他资金或外资进入的动向，即所谓跟庄。

另有两类对股市影响力更大的股票并没有被称为白马股，一类是行业龙头，另一类是所谓大盘标杆。其中，行业龙头的涨跌可以带动整个行业涨跌，而标杆股的涨跌更能影响到整体大盘的变化。20世纪90年代的四川长虹和深发展曾被称为A股大盘标杆；2010年以后，中国石油和中国石化也曾是大盘标杆股；2015年以后，贵州茅台和宁德时代则分别成长为上证和创业板的标杆股，其他的板块也各有标杆。因此，对于这两类特殊的白马股给予一定的关注也是十分必要的。

4. 黑马

黑马的概念同样也可以归纳为三类。

（1）在国际上，真正的黑马应该是指突然爆发的高科技类股票，如微软、脸书、中芯国际、科大讯飞等尚未起步或虽已起步但发展前景异常亮丽的股票。寻找这类黑马需要的很强的专业知识。投资黑马股相当于风险投资，而根据美国市场以往的经验，此类投资股票的成功率大约仅为20%。因此，需要分散投资，类似围猎。

谈到科技板块的选股策略，在2020年中国宇航出版社出版的《科技创新板块股票投资指南》一书中，作者指出："随着科技的发展，技术更新换代的时间越来越快，几乎每家科技企业都面临替代品的威胁。""技术的升级与进步，在给企业带来前所未有的机遇的同时，也可能带来致命的打击。"根据作者所指，在高科技领域内的竞争其实有两种，一种是所谓"替代竞争"，或称"弯道超车"，另一种则是指在原有技术基础上的升级换代。

（2）采取逆向思维的理念，在股市大跌时以调仓换股的方式买入一些超跌的股票，或者是在大盘的震荡市甚至是上涨开始后，仍然连续呈现跌势的股票。例如，据数据宝统计，2020年有3000多只股票经历过涨跌停，占比约90%。其中，有一些ST类股票的跌停达30次以上，然而跌幅最高

的 *ST 飞马，跌停后的涨停却高达 52 次。

（3）寻找大资金逐步加仓的股票，即通常说的所谓跟庄。如四川长虹 1994 年上市股价 3.6 元，1997 年最高价 66.17 元，三年内上涨了 18.38 倍。当时散户入市的门槛是 5 万元，股价大涨只能是大资金不断买入的结果。据说，当时买入和卖出的大资金是中信。不过，白马和黑马也是相对而言的，这正如同选时与选股是不可分的一样。而且需要注意的是，国内散户居多，所以过于认定跟庄，必然限制自己的选股思路。

《证券市场周刊》的数据显示，截至 2021 年一季度，A 股机构持股市值比例为 34.2%，散户持股市值比例为 36.3%。从市场收集的数据能够看出，散户持股集中的板块是科技、消费、周期类、旅游和娱乐。2021 年 5 月，《投资快报》的一篇文章从提供的数据中得出的结论是，"筹码集中 + 机构重仓"，股价就有拉升的机会。其数据是在梳理了 212 家上市公司的资料后得出的，结论是有 81 家公司符合这个条件。在这 212 家公司中，股东数减少、集中度提高位列前十的公司包括京东方、格力电器、东方财富、君正集团、华友钴业、协鑫集成、兴业银行、省广集团、中国平安、三安光电。该数据对于分析资金博弈很有参考价值。这说明了一点，A 股传统的跟庄思维过于简单化和程式化。很显然，在 81 家筹码集中的公司以外，散户主导的公司多达 131 家，占了约 61.7%。换句话说，中国的散户也不傻，这毕竟是他们经过了多年磨炼的结果，并且这也是中国股市所具有的特色之一。

此外，选择投资标的物，无论是筹码集中还是分散，从系统论的角度来看，更完整的分析视角还应包括大盘的走势、行业发展前景、估值、成长性、技术形态等。例如，有数据显示，一般大盘见顶时，90%~95% 的个股也是处于顶部的；而大盘见底时，约 80%~90% 都是见底的。并且，在日常交易中，大盘跌时 60%~70% 的个股都会跌。而另有数据显示，85% 以上个股都会与大盘的走势同向。当然，每个时期的情况都有差别，而随波逐流应该是普遍规律。

谈到股票的估值，需要补充的还有上市公司的品牌，即所谓无形资产所具有的价值。有关品牌价值的评估办法，可参考百度百科给出的四种解释，即市场结构模型、Kemin 模型、Interbrand 和千家品牌价值评估模型。2020 年 5 月，由清华大学经济管理学院中国企业研究中心、《每日经济新闻》报社主办，每经智库研究支持的 2020 中国上市公司品牌价值榜发布会召开。这是中国上市公司品牌价值榜的第四次发布。随着中国品牌出海并得到广泛认可，此次 2020 中国上市公司品牌价值榜还将实现多语种发布，届时将有英文、德文、日文版本陆续推出，同时也在《每日经济新闻》的海外矩阵上进行全平台传播，重点覆盖亚太、北美、欧洲等区域，向全世界传递中国企业品牌价值。具有全球影响力的品牌也正成为中国企业追求的目标，这些品牌将共同支撑起"中国制造"的金字招牌。

2020 年发布的榜单包括总榜 Top100、海外榜 Top50 以及新锐榜 Top50。中国上市公司品牌价值榜总榜 Top100 总体品牌价值 12.55 万亿元。比 2019 年增加了 1.1 万亿元，增长了 9.6%，增速高于 GDP。这次排名的 100 名品牌榜中，33 家企业品牌价值超千亿元，占据了总体价值的 70%，其中两家企业品牌价值更是超过万亿元。榜单中，品牌价值超过千亿元的企业共有 33 家，占总榜总值的约 70%，是总榜中的绝对主力。

整体而言，在 2020 年 Top100 中，有 62 家企业的品牌价值是上升的，有 25 家企业是下降的，相较于 2019 年时 82 家企业品牌价值上升、13 家企业品牌价值下降，品牌价值增长难度更大。总榜的竞争较 2019 年时也更加激烈。与上年相比品牌价值排名上升的公司有 29 家，保持不变的有 7 家，排名下降的有 51 家。目前中国上市公司品牌建设面临的主要挑战主要有三个方面，分别是品牌国际化的挑战、品牌竞争主体多元化的挑战以及品牌建设投入与营销任务的挑战。

从行业上看，互联网行业表现亮眼，约占总体价值的三成。最新出炉的中国上市公司品牌价值新锐榜显示，新锐 Top50 的总体品牌价值为

2315.1亿元。其中，房地产开发企业中梁控股位于首位，品牌价值达到218亿元。房地产行业是新锐榜总体品牌价值排行第一的行业，总体品牌价值为325.2亿元，占新锐榜Top50的14.0%。此外，总榜中行业的品牌价值分化明显。金融行业保持一贯领先，品牌价值达到2.37万亿元，占Top100总体品牌价值的18.9%，比上年增加了494亿元，增长了2.1%。贸易行业排在入围的20个行业的末尾，品牌价值为351亿元，仅占Top100总体品牌价值的约0.3%。

数据显示，这次海外榜Top50整体品牌价值上扬，但榜单内部成员和上期一样，再度发生较大变化：2020年有11家公司新入海外榜Top50，另有11家公司滑出海外榜Top50，呈现"洗牌"之势。面对海外榜"大洗牌"和"慢进则退"的现象，家电行业却在榜单上不断逆势攀升，处于遥遥领先的地位。报告显示，家电行业海外品牌价值达到2451.9亿元，占海外榜Top50总体品牌价值的21.3%，比上年增加286.6亿元，增长13.2%。消费行业，在2020中国上市公司品牌价值榜总榜排名第六的贵州茅台，品牌价值高达3449亿元。

此外，海外榜超大企业的聚集趋势愈加明显，前6家企业品牌价值总计约4500亿元，占2020海外榜Top50的约40%，集中度比上年有所上升。不过，尽管"中国制造"已享誉全球，但中国品牌未能获得同等成就。

2021年12月5日，据环球网转自央视财经的消息称：受美国证券交易委员会公布的《外国公司问责法案》实施细则影响，本周最后一个交易日，包括网约车平台公司"滴滴出行"在内的热门中概股集体暴跌，衡量中概股整体表现的纳斯达克金龙中国指数暴跌超9%，总市值一夜蒸发近7000亿元。按该法案的规定，"要求进入名单的公司证明不受其审计事务所所在地的外国政府拥有或掌控，并遵守美国上市公司会计师监督委员会的审计标准。如在美上市的外国公司连续三年不按照美国监管机构的要求提供信息并被列入名单，可能会被摘牌。"

法案细则公布后，美股的热门中概股集体下跌，滴滴跌超22%，网易有道跌超17%，雾芯科技跌超16%，理想汽车下跌15.95%。分析人士表示，《外国公司问责法案》细则的出台，一方面增加了美股中外国公司的合规风险，另一方面，外国公司对于美国资本市场能否满足企业融资这一核心需求的信心也将大打折扣。评论认为，预计未来一段时间之内，可能从美国这边退市的中概股，或者是回到A股和港股的趋势，将会变得越来越明显。

来自腾讯网的另一个评论点明："无论在哪个国家，资金都是逐利的，只要有利可图，这些资金最终还是会走到追捧这些中概股的老路上。换句话说，这些企业回到港股上市，美国的资金一样会冲向港股买入，如果在A股，它们也会毫不犹豫地冲向A股，没有哪个国家的资金会放着发展前景巨大的企业不追，而去追中小企业。所以，对于这些中概股并不需要过度担忧，即便回到A股或者港股，它们依然有望回到与在美股时相当的市值，它们的地位也不会有太大改变。只是，除了部分龙头股、科技股之外，也有部分在美股上市的企业是为了'割韭菜'的，之前它们割的或许是美国的韭菜，比如瑞幸咖啡，如果回到A股或港股，那么割的便是中国的韭菜了。"通过这一事件，也使国内的投资者提高了对于投资海外资本市场的认识。

2021年5月10日，中国上市公司品牌价值榜发布会在北京举行，本次发布会以"中国品牌 国家名片"为主题。这也是《每日经济新闻》报社与清华大学经济管理学院中国企业研究中心联合发布的第五份榜单，发布的榜单包括总榜Top100、海外榜Top50、新锐榜Top50，并首次推出活力榜Top100。作为连续五年登榜的国企，中国铁建见证了中国品牌的高增速变化。而从中国上市公司品牌价值榜总榜Top100的变化，也能发现中国品牌的迅猛发展。从2017年到2021年，总榜Top100累计品牌价值增长接近10万亿元。而Top100的"门槛"从2017年的22亿元增长到了2021年的390

亿元，5年时间提高了16倍。

除了上市公司的品牌价值外，市场上的另外一个选股视角是所谓题材。2021年1月，《中国基金报》报道了来自数据宝的消息：A股2020年热炒的几大热门科技类题材，以充电桩、新能源车、芯片、生物疫苗、光伏、第三代半导体等为基础，加上部分科技属性较强的板块，如人工智能、国防军工、5G、消费电子等，从中筛选出了行业地位领先、A股市场稀缺的上市公司，同时还参考研发投入、机构持仓、业绩数据、股价表现等指标，组成"科技龙头50强"。"科技龙头50强"A股市值合计8.12万亿元，占A股总市值的约10.2%。26家科技龙头A股市值超过千亿元，包括宁德时代、恒瑞医药、迈瑞医疗等。动力电池龙头宁德时代2020年屡次创新高，年内累计涨幅达到约230%，是创业板首只市值突破8000亿元的股票。如表5-2所示，为A股"科技龙头50强"中部分企业的市值和涨跌幅数据。

表5-2 "科技龙头50强"中部分企业的市值和涨跌幅（来源：数据宝）

序号	简　称	A股市值（亿元）	2020年涨跌幅（%）	所属题材
1	宁德时代	8179.02	230.48	锂电池
2	恒瑞药业	5942.73	53.19	医药生物
3	迈瑞医疗	5178.84	135.51	医药生物
4	海康威视	4532.49	51.91	人工智能
5	立讯精密	3928.44	100.33	消费电子
6	比亚迪	3522.94	307.89	新能源汽车
7	隆基股份	3477.57	274.65	光伏
8	爱尔眼科	3086.60	146.85	医药生物
9	药明康德	2875.95	105.34	医药生物
10	智飞生物	2366.56	198.79	医药生物
11	长城汽车	2297.49	341.16	新能源汽车

续表

序号	简 称	A股市值（亿元）	2020年涨跌幅（%）	所属题材
12	韦尔股份	2005.02	61.21	无线耳机
13	通威股份	1730.40	197.03	光伏
14	汇川技术	1604.50	205.60	人工智能
15	亿纬锂能	1539.43	209.59	锂电池

从二级市场表现来看，"科技龙头50强"年内平均涨幅133%，是同期沪指的9.6倍，走势远超各类板块指数。数据显示，30家科技龙头公司年内股价翻倍，占比达到六成，其中阳光电源年内累计涨幅589%，占据榜首位置。2020年我国光伏行业景气度持续上升，从目前的情况来看，"十四五"新增光伏发电装机规模需求将远高于"十三五"。前三季度，阳光电源实现盈利11.95亿元，同比增长115.6%。

龙头公司除了具备市值规模效应和股价带动效应，机构抱团也是其显要特征。截至2020年三季度末，"科技龙头50强"获QFII、保险公司、基金、券商、社保基金等五大机构合计持仓市值6026亿元。17家科技龙头获五大机构持仓市值超百亿元，包括立讯精密、隆基股份、迈瑞医疗等。电子行业龙头立讯精密获机构持仓市值最高，三季度末，中央汇金、证金公司均有持仓该股。北上资金也在重点关注科技龙头。据统计，"科技龙头50强"获北上资金持仓市值超过4000亿元。恒瑞医药、宁德时代、迈瑞医疗、隆基股份等持仓市值均在百亿元以上。综合来看，机构和北上资金合计持仓科技龙头市值超过万亿元。

从业绩数据对比来看，科技龙头公司在经过一季度的低增长后率先复苏。"科技龙头50强"营收和净利润均大幅超出A股整体水平，2020年前三季度合计盈利达到885亿元，同比增长27%，增幅高出A股整体水平33个百分点，营收合计同比增长13.5%，增幅高出A股整体水平近13个百分点。单季度来看，2020年第三季度50家公司合计盈利392亿元，同比增长34%，第三季度营收同比增长28%。名单中49家公司前三季度盈利超过3亿元，占比98%，超六成公司前三季度净利润同比增长10%以上，其中韦尔股份、长电科技、蓝思科技等9家公司净利润增幅翻倍。

从平均增速来看，消费电子是高增长的主要方向，包括长电科技、韦尔股份、比亚迪、歌尔股份、卓胜微等增速排在前十位。机构预测三年净利润平均增速最高的是长电科技，达到359%。长电科技主业为半导体微系统集成和封装测试，公司2020年一季度销售收入在全球集成电路前十大委外封测厂中排名第三，在中国大陆排名第一。

分地区来看，沿海发达省份培育了更多的科技龙头公司，广东、江苏、上海、浙江、山东等五大省份合计有30家公司入围，占到总数的六成。广东省入围数量最多，有12家。分城市来看，一线城市深圳、上海、北京入围公司数量居前，广州市无入围公司，其中深圳市以9家公司入围排在首位。非一线城市中，惠州、无锡均有3家公司入围。省会城市杭州、成都、合肥、西安、长沙、郑州等皆有公司入围。

2020年是中国的科技大年，中国实施首次火星探测任务、嫦娥五号奔月挖土、九章量子计算机问世、中国新一代人造太阳开始放电等一系列科研技术取得了重大进展。2021年是"十四五"规划开局之年，科技创新依然是社会各界讨论的焦点。在接下来的几年时间里，谁将会是成长性最高的科技龙头？根据5家以上机构一致预测数据，2020年、2021年及2022年三年净利润预测增幅均超过20%的公司，共计34家，包括自动化龙头汇川技术、射频芯片龙头卓胜微、光伏玻璃龙头福莱特、多晶硅龙头隆基股份、疫苗龙头智飞生物等。

《每日经济新闻》是中国最具影响力、公信力和权威性的主流财经全媒体之一，拥有触及6000万用户的影响力，用户遍及全球205个国家和地区，全媒体年阅读总量超过300亿。该财经媒体将股市投资与其他金融理财产品从收益率、流动性、风险几个方面做了对比，并根据 2020 年收集的一些数据制作了一个表格，可作为参考（见表 5-3）。不过，由于数据分散，且市场行情变化很快，所以如要作为实际的投资策略，还需将数据进行即时更新。

表 5-3　各类理财产品的优劣对比参考

理财产品	收益率（%）	流动性	风险
银行定存	1.75	好	低
国债	3.97	中	低
企业债	4.6	差	中等
保本基金	2	好	低
银行保本理财	3.8	差	中等
信托	6	差	中等
债券基金	6.41	中	低
股票	高	好	高

综上所述，可以将选时和选股的要点总结为如下几条。

（1）按技术形态选时最重要，是基础。

（2）选择行业的成长性为其次，因为买股票就是买公司的未来。

（3）用适当的估值方法选择好股票是长期的价值投资，也是防范风险的保障。

（4）选时的次序需按"先大盘，后个股"操作。

（5）选时与选股是相对的，选时前也需预选标的物。

（6）选时和选股均涉及盘面分析，包括大盘的涨跌家数比和排名、行业和板块的动态、外盘的各种数据等。

（7）超大资金在个股上的博弈，以及个股更为具体的产品与市场定位十分重要，对此，可在例如同花顺提供的 14 大选股指标中参考大股东持股结构的变化，以及企业的产品范围和市场区域。

（8）有关国家关注的行业重点，需参考社科院文献出版社按年度发布的最新《经济蓝皮书》。

六、风险防范

论及股市投资的风险，首先需要了解的自然是风险的类型。这方面，市场上的说法杂乱，且层次、对象和条理不清。例如，仅从市场主体来看，管理机构、上市公司和投资者所面临的风险显然各有不同。为此，本书做了如下归纳整理，主要将其划分为系统性和非系统性风险，另外一种对于风险等级的划分是按投资者的风险承受程度来划分的，包括谨慎型、稳健型、平衡型、进取型和激进型，这里不再赘述。

1. 系统性风险

主要是指由于政治、经济及社会环境等宏观因素造成的，投资人无法通过多样化的投资组合来化解的风险。包括：政策风险，如国家出台的宏观经济政策、财政政策、货币政策、产业政策、税收等对于市场走势产生的影响；市场环境风险，如自然气候的变化、国际地缘政治、经济或股市行情的重大突发性变化等。

2. 非系统性风险

简单来说，对投资者而言，非系统性风险实际上就是由于不当的选时和选股所造成的操作风险，包括由于投资者个人能力的限制形成的各种误操作等。另外还存在由于券商违规、交易系统出现异常，以及市场上的各类欺诈行为致使投资者蒙受财产损失的风险。

3. 防范策略

（1）选择信誉好的券商和营业部。

（2）保管好自己的个人身份资料。

（3）出现问题及时与券商或营业部联系，寻求帮助。

（4）保管好个人的交易工具（电脑或手机），开通多种交易方式，并注意防范网上交易存在的由于设备或数据传输出现的各种障碍。

（5）提高资金管理的能力，包括：仓位最好不高于80%；分散投资，以绩优、白马、高成长性和高估值的股票作为投资标的，并适当参与投资基金，或采用其他理财方式；适当配置部分保值性强的股票，如黄金股、奇缺资源股和券商股。因为，股市大规模扩容是大趋势，券商的收入与通过交易量收取佣金直接相关。就目前来看，券商的扩容速度是远低于股市的扩容的。

第六章 资本市场年度分析报告摘要

市场上介绍、评论股市的文章和报告有许多,然而,从职业化的角度来看,能达到内容全面完整、事实客观详尽、图文并茂、数据充实的并不多。经挑选,摘录出以下几个报告,仅供参考。

一、"中国资本市场现状、未来经济研判"专项调研报告

2020年10月,腾讯网报道了亚宸投资对"中国资本市场现状、未来经济研判"专题发起的一项调研。调研结论如下:"总体而言,我国资本市场局部发展虽有不完善之处,但整体呈现良性发展态势,当然,在过去很长的一段时间里在规则、规模、功能、结构等方面存在着严重缺陷。"这些主要体现在如下几个方面。

(1)资本市场发展不平衡,资本市场的现状不能满足经济可持续性发展过程中各种类型企业的资金需求。

首先,债券市场存在发展不平衡问题。根据中国人民银行的统计数据,2006年贷款融资占国内非金融部门融资的比重依然高达82%,间接融资比重远高于直接融资。截至2006年底,我国债券市场余额为57455亿元(不包括中国人民银行票据),与GDP的比例为27.44%,远远低于发达国家

163.11%的水平，远低于我国股票市值与GDP的比例42.70%；我国债券市场中，国债、金融债、企业债分别占50.56%、44.19%、5.0%。企业债余额仅为2831亿元，与GDP的比例仅为1.35%，远远低于亚洲金融危机国家30%的水平。

其次，股票市场也存在着不平衡发展问题。一是流通市值无论是绝对量还是占比都相对较小，股市结构亟待完善；二是股市的进入和退出机制发展不平衡，削弱了证券高效率优化资源配置的作用。

（2）我国单一层次的证券市场规定了严格的上市条件，阻碍了中小企业通过证券资本市场获得资金。

（3）我国证券资本市场关于上市公司退出机制存在着不足之处。

（4）过多的行政干预不能体现证券市场的高度市场化特征。

从近几年开始，国家层面已经陆续开始全面展开深化资本市场经济发展的各项工作，从2017年开始，国家出台了一系列金融政策，为优化资本市场环境和健全资本市场体制付出了实际行动，也取得了不错的效果，尤其是在2020年，从各板市场注册制实施落地到10月9日国务院发布《关于进一步提高上市公司质量的意见》，都无一例外让我们看到很多金融政策的变化，同时也表明了国家构建可持续稳健发展的资本市场生态的坚定决心。

近几年国家对资本市场的深化改革也在不断影响中国经济的持续成长，中国的金融资产特别是证券化金融资产，进入了一个前所未有的成长和发展膨胀时期。

《关于进一步提高上市公司质量的意见》明确指出：资本市场在金融运行中具有牵一发而动全身的作用，上市公司是资本市场的基石。提高上市公司质量是推动资本市场健康发展的内在要求，是新时代加快完善社会主义市场经济体制的重要内容。

为此，一方面国家将通过对欺诈发行操纵市场加大执法力度等方式来推动上市公司做优做强，另一方面国家也在近几年针对非上市中小民营企业发展开通了新的快车道——通过进一步发展中国多层次资本市场来推动中小企业的加速发展。

据国内经济专家预计，从2020年开始的未来三年中，各行业市场行情更加变得不确定，在不确定的市场环境中，中小企业家、创业者们如何从多层次资本市场中找到适合自身企业发展需要的其中一个板块，以拥抱资本思维实现企业的战略发展，成为企业当下降低被行业洗牌风险、增加同业核心竞争力及发展企业品牌的关键命题。

亚宸投资在对数百名中小企业家对于我国多层次资本市场的现状熟知程度的调研中发现，其中90%的中小企业家、创业者对中国多层次资本市场没有认知，5%的中小企业家、创业者对多层次资本市场有一定程度的了解，仅有不到2%的中小企业家、创业者对各板块区域市场的功能及意义有基本的认知。

亚宸投资的数据表明：绝大部分中小企业的发展受制于企业家们还在运用他们各自行业内最擅长的过去经验思维、传统惯性思维来经营自身企业，企业家群体无法脱离自身固有认知和无法找到变革自我传统思维的方法成为一种常态化。

亚宸投资引述了清华大学经济学教授朱武祥牵头做的一个市场调查。其调查样本为1480多个企业，样本数据来源于北京、广东、江苏等地区。调查数据显示：企业60%的资金用于发放员工的工资与缴纳员工的五险一金；14%的资金用于支付企业的房租；除去一些杂七杂八的支出，还有14%用于偿还企业的贷款。以上数据采样涉及的行业覆盖面非常广泛，包含了高科技、零售、加工业、旅游娱乐、建筑业等。

其中，涉及企业生命周期的部分更是令人触目惊心。调查数据显示：34%的企业只能维持1个月；33.1%的企业可以维持2个月；17.91%的企业能够维持3个月；仅有9.96%的企业能维持6个月以上。

对此，亚宸投资顾问认为："对于企业家、创业者们来说，是否能够理解和认知我国多层次资本市场的价值与功能，成为企业是否能在未来 3~5 年内参与市场竞争博弈生存发展的关键，甚至于可以认为它将是打开那一线生机大门的钥匙。"

二、中金 2022 年 A 股展望

2021 年 11 月，网易报道了来自《金融投资报》一篇名为《中金 2022 年 A 股展望》的文章。文章认为：2022 年处于疫情冲击下大波动后的"余波"期，全球部分经济体疫后超常需求刺激政策带来的增长及物价"大起"与随后潜在的"大落"，以及对应的政策应对是分析 2022 年资产配置的重要考量因素。当前中国市场有滞胀、地产下行、债务压力等方面的担心，市场路径可能仍有波折，但对未来 12 个月市场持中性偏积极看法，重在依据市场主要矛盾变化把握阶段性和结构性的机遇。

1. 内"滞"外"胀"，需求弱、上游缓是 2022 年关注主线之一

当前各地主要矛盾是"滞"还是"胀"与疫情应对模式、政策刺激力度大小及各国在全球产业链中的位置等因素相关，"碳中和"与"逆全球化"等结构性因素使得判别周期变得更加复杂。我们判断，需求偏弱、物价压力逐步缓解是从当前到 2022 年中国资产配置要重视的逻辑。中金宏观组预计中国 2022 年 GDP 将会增长 5.3%，全年呈现"前低后高"的态势，PPI 回落至 4.0%。在此基础上，预计 A 股整体 2022 年盈利增长为 6.2%，可能回归至常态略偏低的增速。上游价格下行拖累整体盈利，但中下游可能有所修复。

2. 内"松"外"紧"，流动性有支持，估值有修复空间

疫情后外围超常需求刺激叠加暂时供应约束放大和延长了外围部分经济体的物价上行压力，政策从当前到 2022 年前半段可能呈现"内松外紧"

的格局，也是 2022 年中国资产配置要注意的突出特征。我们认为，中国可能采用降息降准等货币工具以及偏积极的财政支持稳增长，市场流动性逐步走向宽松，债券长端收益率中期可能仍有下行空间。另外，在中国市场不断开放、内地与香港市场不断融合的背景下，股市机构化、产品化、国际化、基本面化、机构头部化趋势仍在深化；沪、深以及北交所等交易所进一步发展和完善给股市带来新鲜力量；居民家庭加大对金融资产配置力度支持了包括股市在内的金融市场流动性，理财资金净值化也将推动理财资金部分对股市的配置。

3. 中国自身趋势与全球科技周期叠加，继续衍生趋势性机会

中国经济"新老分化"的结构转型仍在持续，产业升级与自主趋势方兴未艾，消费升级波折前行，数字经济趋势螺旋上升，"碳中和"趋势下的新老能源转换日益明显，中国"共同富裕"政策框架逐步明晰，中国居民资产配置正在经历从实物资产到配置更多金融资产的拐点，等等，在 2022 年依然是值得重视的结构性趋势。

从节奏上来看，当前仍处于增长放缓与政策托底预期的交互期，指数机会可能偏平淡，重结构，均衡配置。当政策稳增长力度加大，指数可能会迎来阶段性机遇，2021 年底到 2022 年一季度可能是政策重要的观察窗口期。待增长预期平稳，可能需要更加注重结构性机会。随着上游压力逐步缓解，配置方向逐步偏向中下游，中期方向仍偏成长。大类资产配置上关注上游价格见顶下行及地区差异带来的影响，股市中期机会偏向成长，关注高息资产如 REITS，择机加配债券。

从当前到 2022 年的行业配置及主题选择，既要关注上述宏观周期波动及政策错位带来的机遇，重视上游价格压力缓解带来的中下游机会，同时也要关注部分结构性的趋势。从当前到未来 3~6 个月，建议 A 股投资者关注如下三条主线。

一是高景气、中国有竞争力的制造成长赛道，包括新能源汽车产业链、新能源以及科技硬件半导体等；

二是中下游股价调整相对充分、中长期前景依然明朗的偏消费类的领域，如农林牧渔、医药、食品饮料、互联网与娱乐、汽车及零部件、家电、轻工家居等；

三是当前到未来一到两个季度，可能受中国稳增长政策预期支持的板块。我们阶段性地相对看淡中国传统的周期，如煤炭、钢铁、航运以及目前仍受疫情影响、尚未明显看到改善的领域。

提示未来 3~6 个月关注如下几大主题性机会：上游涨价压力缓解，中下游恢复的机会；政策稳增长主题；产业升级与自主趋势；大消费修复；"碳中和"与新能源主题；中美贸易关系潜在缓和带来的交易机会。

从风险上来看，通胀超预期、地产超调、债务压力、新冠肺炎疫情长尾、地缘冲突等是下行风险；经济增长超预期、地产市场展现韧性、中美关系阶段性缓和等则是上行风险。

三、深度解析：资本市场现状和未来趋势

2020 年 3 月，建信基金发表《资本市场现状和未来趋势》一文，对目前人们关心的资本市场现状和未来趋势给出了深入解析，文章主要内容如下。

1. 资本市场现状分析

（1）多层次资本市场概览。

债券。我国是仅次于美国的全球第二大债券市场，截至 2019 年底，主要债券存量规模达到 96.23 万亿元，同比增长 15.78%。

股票。2019 年 A 股市场规模增长 25%，全年 IPO 合计募资超 2500 亿元，全市场累计 IPO 融资额创近 6 年新高。

期货及其他衍生品。截至 2019 年底，上期所、大商所和郑商所商品期

货和金融期货成交额达 211 万亿元，成交量分列全球第一、第三、第四位。

（2）投资者结构变迁。

机构类客户占比提升，外资持股超万亿，和公募、保险三足鼎立。未来随着 A 股国际化程度不断提升，外资规模有望进一步增大。

（3）A 股市场重要边际变化（见图 6-1）。

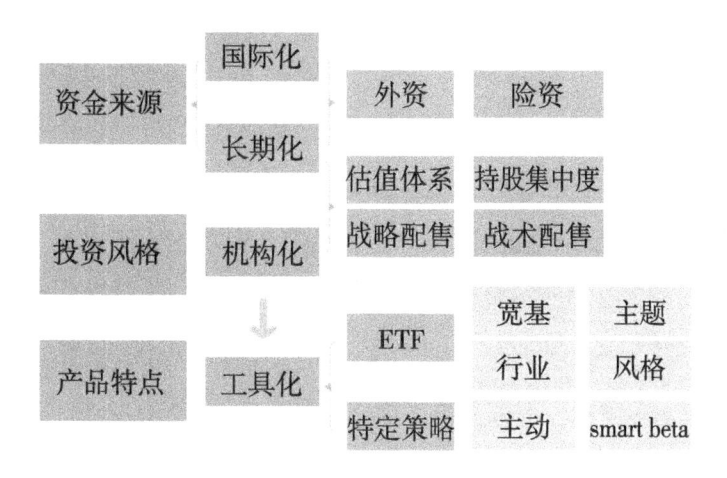

图 6-1　A 股市场重要边际变化

2. 中长期权益市场展望

（1）经济发展转型的诉求：中国经济的转型升级，提升了对直接融资的要求，而权益市场的发展是直接融资的风向标。

（2）国际背景下的发展方向：以金融领域为代表的开放与改革是中长期主线。

（3）财富配置方向：去刚兑、房主不炒等政策叠加 A 股市场成熟度提升，居民财富配置中的权益比例有望提高。

3. 中短期市场走势分析

（1）近期国际市场表现。美国、日本、韩国等全球主要权益市场经大幅调整基本回吐 2019 年一半涨幅，风险资产（权益类）与避险资产（贵金属等）同步调整。

（2）近期A股走势分析。从2020年2月全月来看，市场出现短期风格、板块切换轮动，计算机、农业、通信、建材、电子板块跑赢；石油、银行、媒体、交运、钢铁等周期板块跑输。目前经过调整，A股估值回到较"合理"的位置，这种"合理"主要体现在：疫情整体对经济存在负面影响，此前依靠流动性和情绪驱动，对疫情负面影响的定价得到了快速修正。目前A股仍处于波动盘整期，高频的日度震荡仍可能存在。但拉长来看，市场的震荡区间合理，不能因短期调整丢失对中长期大趋势的判断。

（3）近期美股走势分析。本次回调是美国自"二战"以来第五次短期调整超10%，调整幅度比较充分，但时间不够充分。后续市场需对事件进行消化盘整，波动期可能持续，等待新的基本面趋势。风格上，美股大小盘普跌没有显著差异，但科技成长（纳指）相对抗跌，科技巨头是整体的企稳支撑。行业上，类似于A股受疫情影响的初期表现，医药、必需消费和科技跌幅少，周期、可选消费、零售显著受冲击。2月中概股跑赢美股整体大盘，体现出国内疫情稳定后中国资产的相对避险属性。

（4）近期避险资产震荡原因。2020年2月底黄金价格下跌，3月3日美联储宣布降息后金价又直线拉升，短期震荡幅度较大。需要注意的是，此前金价处于高位，具有一定的短线风险。实际利率是持有黄金的机会成本，反向影响黄金价格走势。名义利率下行，但疫情对全球供需的冲击使宏观经济预期、通胀率预期也进一步下调，而实际利率＝名义利率－通胀率，当名义利率和通胀率预期同时下降，实际利率走势不明，金价预期就会存在摇摆。黄金震荡反映了市场对实际利率超预期回升的担忧。

建议投资者把握以下几个方面的投资机会：一是把握以5G、电子半导体、新能源汽车为代表的高端制造业和以传媒互联网、云计算与云服务、新消费为代表的现代服务业两条主线；二是市场可能出现阶段性风格均衡，可以把握低估值风格的相对机会，包括必需消费品、建筑建材、银行地产等；三是继续关注中小盘的战术性机会，相关宽基指数包括中证500、中证

1000等。

总体来说,未来看好科技成长的核心思路不会改变。科技板块内部可能出现分化,重点关注"新基建"。同时,市场可能出现阶段性风格均衡,低估值风格出现相对优势,且投资机会可能会从某类风格板块演变成全市场范围的"点状"机会。

四、2021年基金行业发展研究报告

1. 行业发展概况

基金有广义和狭义之分,从广义上说,基金是机构投资者的统称,包括信托投资基金、单位信托基金、公积金、保险基金、退休基金,以及各种基金会的基金。在现有的证券市场上的基金,包括封闭式基金和开放式基金两种,具有收益性功能和增值潜能的特点。

我国资产管理业务涉及银行、保险、证券、基金、信托、期货等行业机构。如图6-2、表6-1所示,分别为我国资产管理行业规模构成及各行业机构的资产管理业务。

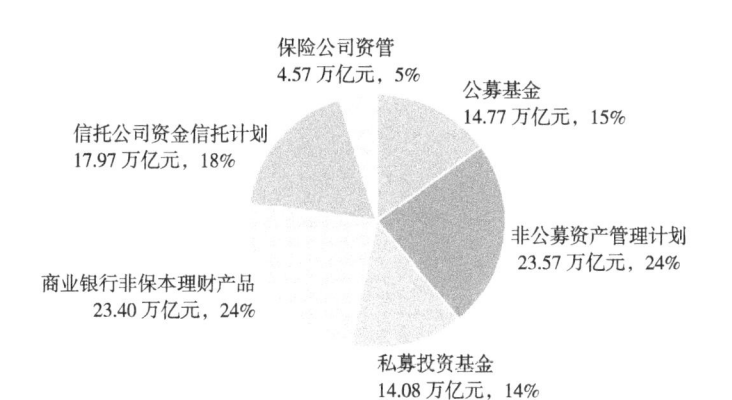

图6-2 资产管理行业规模构成

(资料来源:资产信息网、千际投行、中国证券投资基金业协会)

表 6-1　各行业机构的资产管理业务

机构类型	资产管理业务
基金管理公司及子公司	公募基金和各类非公募资产管理计划
私募机构	私募证券投资基金、私募股权投资基金、创业投资基金、私募资产配置基金等
信托公司	单一资金信托、集合资金信托
证券公司及其子公司	集合资产管理计划、单一资产管理计划、私募股权及创投类基金（直投，包含 FOF）
期货公司及其子公司	期货资产管理业务
保险公司、保险资产管理公司	万能险、投连险、管理企业年金、养老保障及其他委托管理资产
商业银行	非保本银行理财产品、私人银行业务

（资料来源：资产信息网、千际投行、中国证券投资基金业协会）

公募基金是受政府主管部门监管的、向非特定投资者公开发行受益凭证的证券投资基金，这些基金在法律的严格监管下，有着信息披露、利润分配、运行限制等行业规范。例如，目前国内证券市场上的封闭式基金就属于公募基金。公募基金和私募基金各有千秋，它们的健康发展对金融市场的发展都有至关重要的意义。然而目前得到法律认可的只有公募基金，市场的需要远远得不到满足。如图 6-3 所示，为 1998—2019 年发行的公募基金数量与规模。

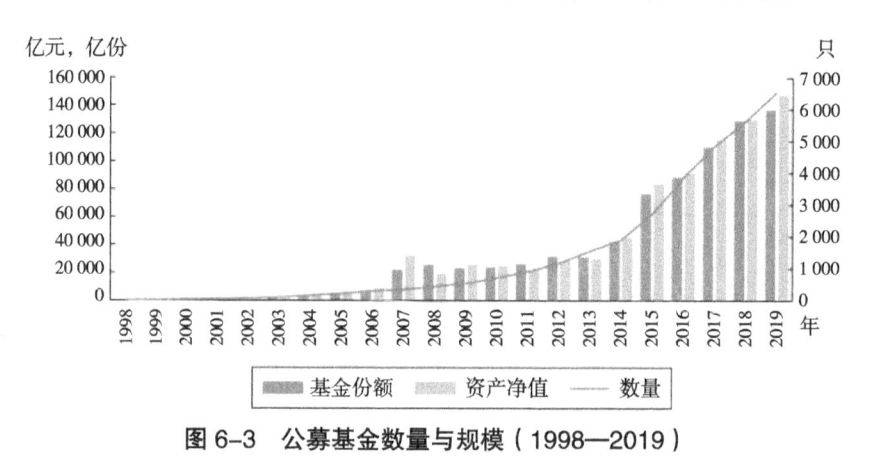

图 6-3　公募基金数量与规模（1998—2019）

（资料来源：资产信息网、千际投行、中国证券投资基金业协会）

第六章 资本市场年度分析报告摘要

从行业板块的分布情况来看，按重仓持股的市值合计，目前我国公募基金 A 股重仓持股主要集中在食品饮料、生物医药、电子、电气设备这几个行业，占比分别达到 17%、15%、13%、9%，具体如图 6-4 所示。

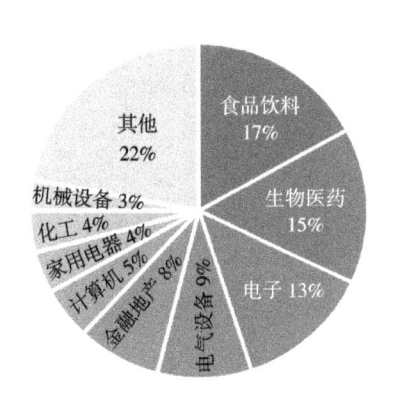

图 6-4　我国公募基金重仓持股主要集中的行业分布情况

（资料来源：资产信息网、千际投行、中国证券投资基金业协会）

私募基金是指一种针对少数投资者而私下（非公开）地募集资金并成立运作的投资基金，因此它又被称为向特定对象募集的基金或"地下基金"，其方式基本有两种：一是基于签订委托投资合同的契约型集合投资基金，二是基于共同出资入股成立股份公司的公司型集合投资基金。如图 6-5、6-6 所示，分别为私募基金产业链结构和我国私募投资基金数量与规模（2021 年 12 月—2019 年 12 月）。

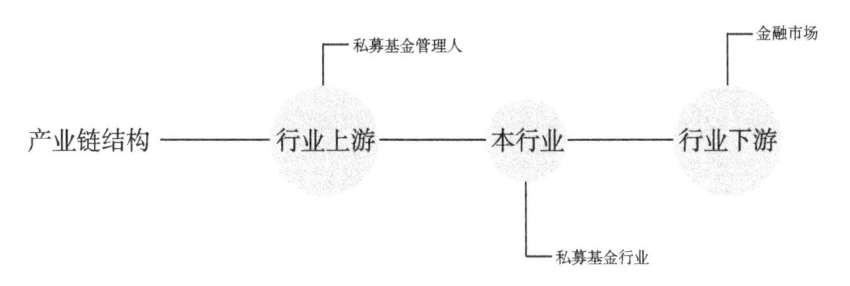

图 6-5　私募基金产业链结构

（资料来源：资产信息网、千际投行、中国证券投资基金业协会）

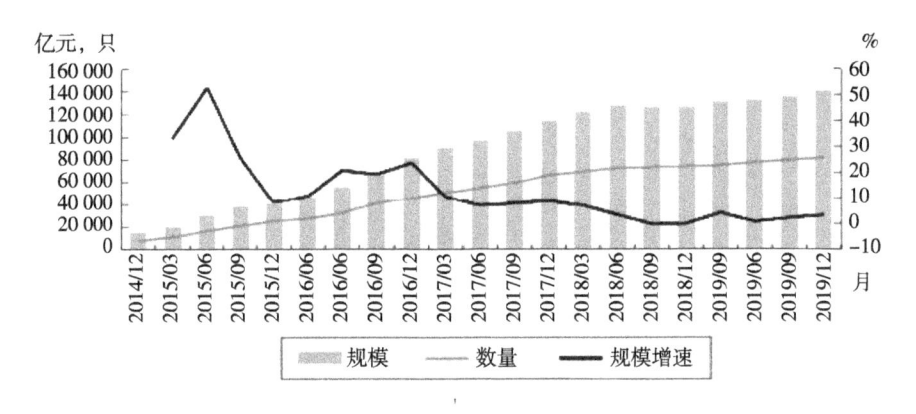

图 6-6 我国私募投资基金数量与规模（2021 年 12 月—2019 年 12 月）

（资料来源：资产信息网、千际投行）

2. 资金与机构

（1）资金来源及去向。

第一，资金来源。

公募基金是宏观经济、金融和资本市场的重要组成部分。截至 2019 年末，公募基金资产规模为 14.77 万亿元，相当于当年 GDP 总量的 14.91%。如图 6-7 所示，公募基金中来源于个人投资者的资金占比为 48.31%，来源于养老金（基本养老、企业年金和社保基金）的资金占比为 0.78%，来源于境外资金的占比为 0.27%，来源于其他各类机构投资者的资金占比为 50.64%。机构投资者（除养老金外）中，来源于银行的资金（含自有资金及其发行的资管产品）最多，占整个公募基金资金来源的 30.55%。其次为保险资金（含自有资金及其发行的资管产品），占整个公募基金资金来源的 6.31%。机构投资者主要为机构发行的资管产品，其中大部分仍是个人投资者资金的集合。因此，总体来看，公募基金还是主要服务于个人投资者。

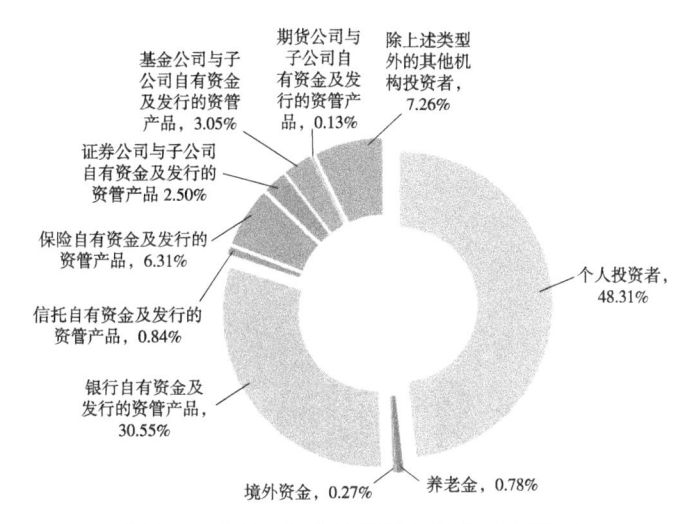

图 6-7 2019 年末公募基金资金来源情况

（资料来源：资产信息网、千际投行、中国证券投资基金业协会）

截至 2019 年末，私募证券投资基金的各类型投资者中，居民占比达 88.87%，相关资金占比仅为 43.43%；各类资管计划占比为 4.70%，相关资金占比达 32.62%；企业占比 4.70%，相关资金占比达 23.82%。具体如图 6-8 所示。

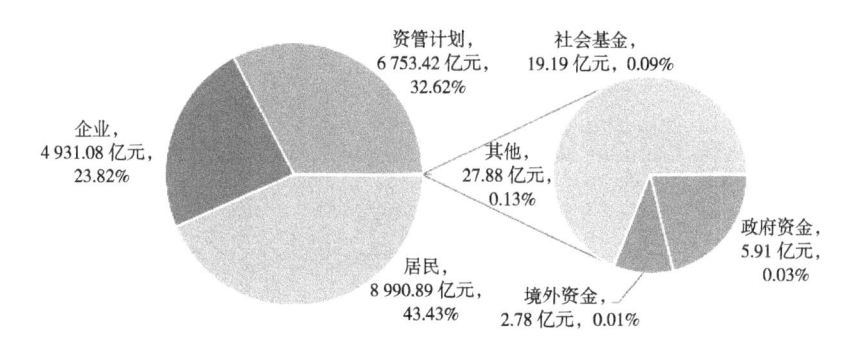

图 6-8 私募证券投资基金各类投资者投资规模比例分布

（资料来源：资产信息网、千际投行、中国证券投资基金业协会）

第二，资金去向。

截至 2021 年 9 月 30 日，公募基金数量共有 8866 只，私募基金数量共有

117484 只（见图 6-9、图 6-10）。私募基金的数量要远远超过公募基金数量。

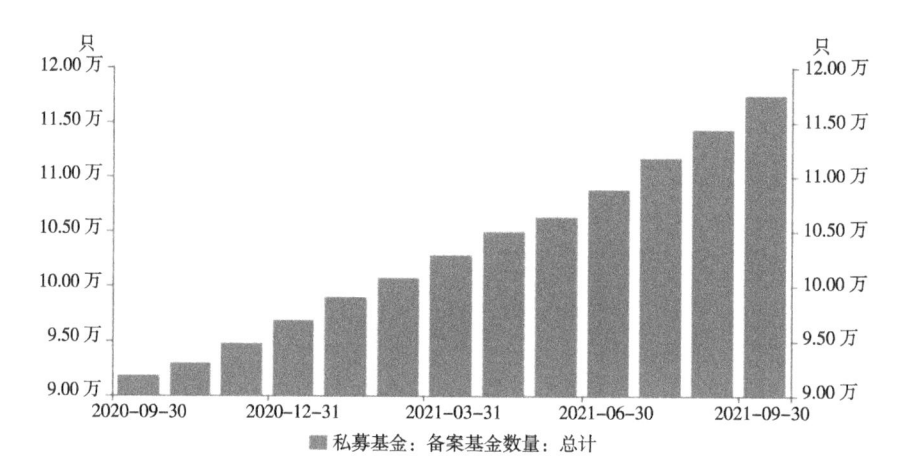

图 6-9　私募基金备案数量（2020 年 9 月 30 日—2021 年 9 月 30 日）

（资料来源：资产信息网、千际投行、iFinD）

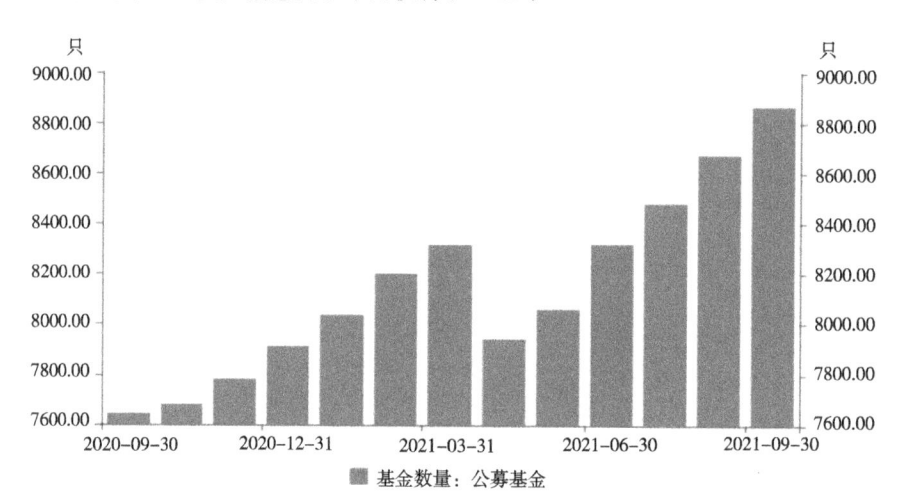

图 6-10　公募基金数量（2020 年 9 月 30 日—2021 年 9 月 30 日）

（资料来源：资产信息网、千际投行、iFinD）

截至 2019 年末，在公募基金约 16 万亿元的总资产中，现金类资产为 6.29 万亿元，占总资产的 39.19%，较 2018 年有所下降；债券类资产为 4.86 万亿元，占总资产的 30.25%；买入反售资产、应收利息、资产支持证券等收益权类资产合计 2.09 万亿元，占总资产的 13.02%；股票资产为 2.47 万亿元，占总资产的 15.37%。具体如图 6-11、6-12 所示。

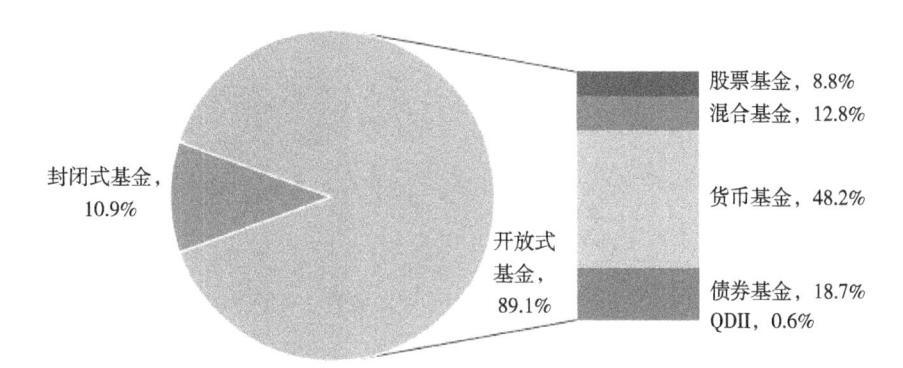

图 6-11　公募基金各类型资产净值占比（截至 2019 年末）

（资料来源：资产信息网、千际投行、中国证券投资基金业协会）

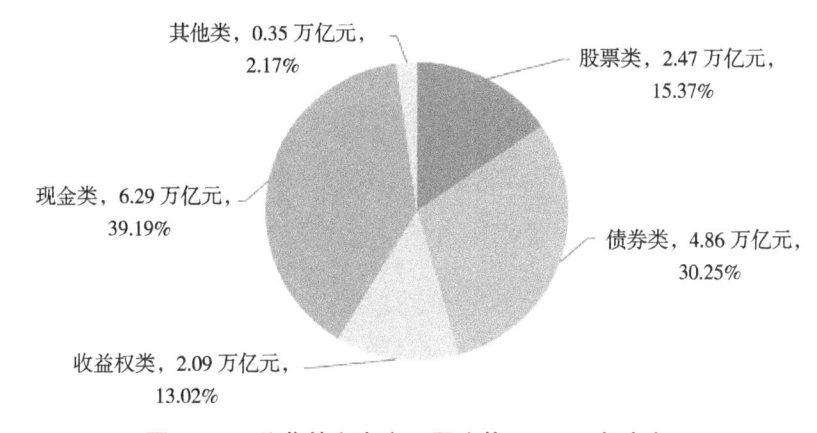

图 6-12　公募基金资产配置（截至 2019 年末）

（资料来源：资产信息网、千际投行、中国证券投资基金业协会）

从产品投资类型来看，股票类基金和混合类基金是存续私募证券投资基金（含顾问管理产品）最主要的组成部分，两类基金只数占私募证券投资基金总数的 79.7%，两类基金规模占私募证券投资基金总规模的 66.9%；其次为固定收益类基金，产品数量占比为 4.6%，规模占比为 15.84%；证券类 FOF 基金数量占比为 10.13%，规模占比为 13.74%。具体如图 6-13 所示。

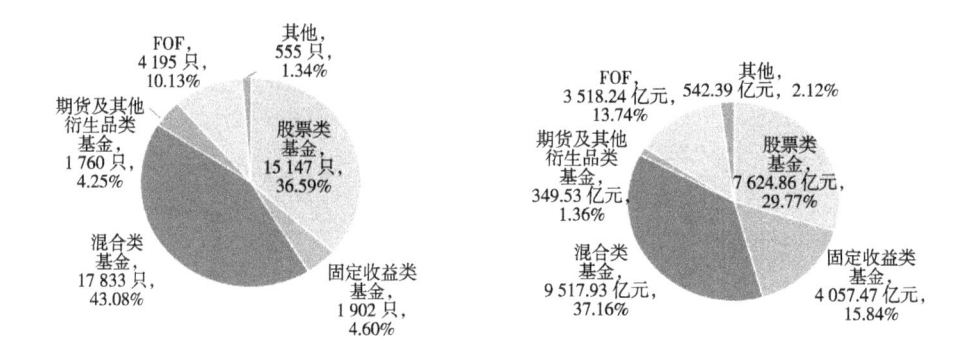

图 6-13　私募证券投资基金存续规模和数量（截至 2019 年末）

（资料来源：资产信息网、千际投行、中国证券投资基金业协会）

（2）基金管理人。

截至 2019 年末，中国证监会公示公募基金管理人 143 家，其中基金管理公司 128 家，取得公募基金管理资格的证券公司或证券公司资管子公司 13 家，取得公募基金管理资格的保险资管公司 2 家。

截至 2019 年末，存续私募基金管理人为 24471 家，较上年末增长 0.09%。其中，私募证券投资基金管理人 8857 家，私募股权、创业投资基金管理人 14882 家，私募资产配置基金管理人和其他私募投资基金管理人 732 家。具体如图 6-14 所示。

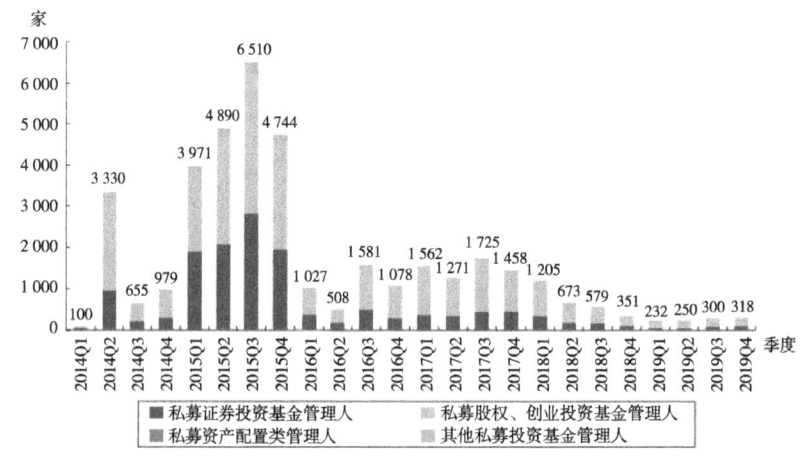

图 6-14　当期登记私募基金管理人类型与数量（截至 2019 年末）

（资料来源：资产信息网、千际投行、中国证券投资基金业协会）

（3）政策和监管。

我国的基金监管机构主要为中国证监会、中国人民银行、证券交易所、证券业协会。

中国证监会，全称为中国证券监督管理委员会。中国证监会下设基金管理部和证监会在各地的派出机构（上海、广州、深圳证管办和北京证券监管办事处）专门行使对基金市场的监管。基金管理部的主要职责是：草拟监管证券投资基金的规则、实施细则；审核证券投资基金、证券投资基金管理公司的设立，监管证券投资基金管理公司的业务活动；按规定与有关部门共同审批证券投资基金托管机构的基金托管业务资格，监管其基金托管业务；按规定监管中外合资的证券投资基金、证券投资基金管理公司。各派出机构按属地原则对基金管理公司进行监管。对注册地和主要办公地不在同一城市的基金管理公司，以基金管理公司主要办公场所所在地派出机构监管为主、注册地派出机构协助监管的原则进行分工。在监管的工作中，各派出机构相互配合并及时沟通信息。

中国人民银行是中国的中央银行，主要负责监管金融市场的安全运行及银行和信托等金融机构的运作，由于基金一般由银行托管，因此银行作为基金托管机构时，必须经中国人民银行批准。

我国的证券交易所主要分为上海和深圳两大交易所。证券交易所的监管职责是对基金的交易行为进行监控。交易所在日常交易监控中，将单个基金视为单一投资人，将单个基金管理公司视为持有不同账户的单一投资人，比照同一投资人进行监控。当单一基金或基金管理公司管理的不同基金出现异常交易行为时，证券交易所应视情节轻重做出如下处理：电话提示，要求基金管理公司或有关基金经理做出解释；书面警告；公开谴责；对异常交易程度和性质的认定有争议的，报告中国证监会。

证券业协会是一个自律组织，负责行业的自律管理职能，如组织基金从业人员资格考试等从上可知，我国对基金的监管基本上也是采取"政府的严格监管"的日本式单一监管模式，这种模式意味着政府对基金业管制过严过多，在某些方面不利于基金业的发展，因此我们应该借鉴美、英两国的监管模式构建动态化综合监管模式。构建我国投资基金市场动态化综合监管模式的总体发展思路可以概括为：以法制建设为基础和保障，建立全国统一的、权威性的投资基金市场主管机构，对基金市场的发展进程进行宏观引导和协调管理，同时建立和完善基金行业组织及相应约束自律机构，以此来保证投资基金市场的持续、稳定和有序发展。这一思路的指导思想就是"三位一体，协同监管"。

目前我国基金业监管框架已经基本搭建完成，监管规范化逐步加强。随着资管新规的颁布以及国内金融市场对外开放稳步推进，基金行业也面临着新的发展契机和挑战。

3. 行业财务分析和全球龙头企业

（1）行业财务分析。

根据 iFinD 数据显示，2021 年上半年，基金公司营业收入前三名的分别为易方达基金、汇添富基金、广发基金，营业收入分别为 67.7333.86 万元、460731.29 万元、447501.12 万元。具体如表 6-2 所示。

表 6-2 基金公司营业收入 Top10

基金公司	营业收入（万元）	净利润（万元）	总资产（万元）	净资产（万元）
易方达基金	677333.86	184060.43	1991210.34	1086801.82
汇添富基金	460731.29	157023.92	1155262.66	789927.01
广发基金	447501.12	127235.27	1465438.91	867862.62
富国基金	399800.00	124200.00	959100.00	573200.00
兴全基金	391600.00	137600.00	846200.00	490500.00
华夏基金	365195.00	104871.00	1410587.00	1003986.00

续表

基金公司	营业收入（万元）	净利润（万元）	总资产（万元）	净资产（万元）
天弘基金	361741.25	102136.04	1454933.21	1238541.13
南方基金	346059.44	87640.31	1229631.65	794768.59
博时基金	275396.00	80524.00	975634.00	616412.00
招商基金	227815.00	78400.00	902800.00	645400.00

（2）行业发展和价格驱动机制及风险管理。

目前，从资产净值Top20基金公司的基金类型来看，主要集中在开放式基金，封闭式基金资产净值占比较低。如表6-3所示，为资产净值Top10基金公司的资产净值占比（按基金类型分类）。

表6-3 资产净值Top10基金公司的资产净值占比（按基金类型分类）

基金公司	非货币型占比（%）	货币型占比（%）	股票型占比（%）	混合型占比（%）	债券型占比（%）	QDII占比（%）	FOF占比（%）	商品型占比（%）	开放式占比（%）	封闭式占比（%）
易方达基金	68	32	12	27	24	4	0.26	0.34	99	1
天弘基金	22	78	7	2	12	1	0.04	0	100	0
广发基金	57	43	10	31	14	1	0.76	0.02	100	0
南方基金	56	44	11	23	20	1	1.28	0	100	0
汇添富基金	64	36	10	35	17	1	1.45	0.00	99	
博时基金	49	51	4	16	28	1	0.07	1.06	99	1
华夏基金	65	35	25	21	15	4	0.84	0.03	99	1
富国基金	70	30	12	33	24	1	0.47	0.02	100	0
嘉实基金	54	46	13	24	14	1	0.81	0	100	0
工银瑞信	55	45	13	16	26	0	0.29	0	100	0

（资料来源：千际投行、资产信息网、iFinD）

(3)竞争分析和典型公司复盘。

截至 2021 年 9 月，共有公募基金 8866 只，基金规模 23.9 万亿元，151 家基金管理人。其中，上海、深圳、北京、浙江（不含宁波）、广东（不含深圳）的私募基金管理人数量位列前五，分别为 4532 家、4351 家、4323 家、2032 家、1793 家。如表 6-4 所示，为基金管理机构非货币理财公募基金月均规模排名。

表 6-4　基金管理机构非货币理财公募基金月均规模排名

排名	公募基金管理人名称	非货币理财公募基金月均规模（亿元）
1	易方达基金	10002.46
2	汇添富基金	6058.15
3	广发基金	5988.08
4	华夏基金	5647.83
5	富国基金	5268.39
6	南方基金	5108.58
7	博时基金	4235.08
8	嘉实基金	4184.60
9	招商基金	4074.35
10	中欧基金	3744.49
11	工银瑞信	3697.17
12	鹏华基金	3334.54
13	兴全基金	2999.09
14	景顺长城基金	2960.16
15	华安基金	2876.13
16	交银施罗德	2804.08
17	中银基金	2710.45

续表

排名	公募基金管理人名称	非货币理财公募基金月均规模（亿元）
18	上海东方证券	2338.34
19	国泰基金	2273.24
20	银华基金	2271.87

（资料来源：资产信息网、千际投行、iFinD）

（4）主要竞争者。

我国目前竞争力排行 Top10 的基金公司，如表 6-5 所示。

表 6-5　竞争力排行 Top10 基金公司

基金公司	总收入（万元）	利润总额（万元）
易方达基金	4883512.66	4052997.10
汇添富基金	4280791.80	3675551.91
华夏基金	3757915.49	3279743.98
广发基金	3421405.55	2816308.64
中欧基金	3368493.60	2959043.83
富国基金	3176203.87	2663073.69
工银瑞信	2904743.11	2527139.09
南方基金	2820346.71	2359518.67
嘉实基金	2758874.48	2322784.02
天弘基金	2346198.11	1917969.04

（资料来源：资产信息网、千际投行、iFinD）

五、牛熊股前十、市值增幅前十、5 项历史纪录……2021 年 A 股放榜

2022 年 1 月 1 日，据新浪财经引自《中国证券报》的报道：2021 年，是沪指从 2440 点以来的第三年慢牛，表现令人难忘，结构性行情突出，创多个历史纪录，三大指数也历史首次共同实现年 K 线三连阳，深证成指首次年线三连阳。

2021 年，A 股创下了多个历史纪录。

纪录一：2021 年上证指数累计上涨 4.8%，深证成指上涨 2.67%，创业板指上涨 12.02%。三大指数历史首次年线共同三连阳，其中深证成指是历史首次年线三连阳。

纪录二：超越 2015 年，A 股年成交额创历史新高。Wind 数据显示（见图 6-15），2021 年 A 股全年累计成交约 257.18 万亿元，超过之前 2015 年的约 253.30 万亿元，创历史新高。

序号	日期	成交量(亿股)	成交额(亿元)	成交额占AB股总成交额比重(%)	区间换手率	区间交易天数
1	2021	186,693.81	2,571,848.24	99.97	676.76	243
2	2020	166,424.72	2,060,477.81	99.97	714.77	243
3	2019	125,711.49	1,268,752.51	99.96	637.94	244
4	2018	81,228.94	896,501.12	99.93	543.22	243
5	2017	87,096.42	1,117,584.61	99.91	583.02	244
6	2016	93,949.39	1,265,127.68	99.89	665.62	244
7	2015	169,725.76	2,532,968.38	99.86	997.28	244
8	2014	72,797.52	737,707.98	99.87	579.23	245
9	2013	47,673.46	463,529.11	99.70	563.47	238
10	2012	32,534.78	312,371.02	99.73	499.20	243

图 6-15 2012—2021 年 A 股年成交额

纪录三：2021年7月21日至9月29日，沪深两市连续49个交易日成交额破万亿元，创下历史之最，超过2015年的连续43个交易日成交额破万亿元。而后，10月22日至12月24日，沪深两市连续46个交易日成交额破万亿元。

纪录四：上证指数年内最高点为3731.69点，最低点为3312.72点，振幅为12.06%，低于2017年的13.98%，成为史上波动最小的一年。

纪录五：北向资金全年净流入A股4321.7亿元，超越2019年的3517.43亿元，创沪深股通开通以来的新高。

Wind数据显示，2021年，A股市场共有2867只股票上涨，2只股票收平，1814只股票下跌。剔除2021年上市新股后，2021年十大牛股分别为湖北宜化、联创股份、森特股份、江特电机、九安医疗、*ST德新、藏格矿业、*ST赫美、精功科技、*ST众泰，如表6-6所示。

表6-6 2021年十大牛股

证券代码	证券简称	2021年涨幅（%）
000422.SZ	湖北宜化	565.94
300343.SZ	联创股份	488.93
603098.SH	森特股份	470.84
002176.SZ	江特电机	456.57
002432.SZ	九安医疗	440.87
603032.SH	*ST德新	439.45
000408.SZ	藏格矿业	411.86
002356.SZ	*ST赫美	387.74
002006.SZ	精功科技	386.96
000980.SZ	*ST众泰	370.37

总体来看，化工等传统周期板块成为2021年牛股的集聚地，上涨565.94%的最牛股湖北宜化即来自化工板块，联创股份也因受益于PVDF涨价而大涨。森特股份为光伏建筑一体化概念。

此外，新能源汽车产业链全年表现出色，江特电机、*ST德新、藏格控股均来自新能源汽车产业链。

九安医疗2021年末发力，自2021年11月12日起，九安医疗在短短一个多月的时间里录得23个涨停板，且期间多次收到深交所关注函，让九安医疗成为年度最大"妖股"，而在2021年最后一天，九安医疗以跌停价报收。

2021年上涨370.37%的*ST众泰，则为2021年市场的涨停王，2021年累计出现92个涨停，其上涨是受益于重组。

有人欢喜有人愁。剔除2021年上市新股后，Wind数据显示，2021年十大熊股分别为中公教育、华夏幸福、ST凯乐、*ST易见、*ST金刚、康泰医学、中潜股份、ST天山、学大教育、*ST美尚，跌幅均超60%（见表6-7）。领跌的中公教育、华夏幸福2021年跌幅均超过72%，值得注意的是，这两只股票都曾经是千亿元市值的股票，截至2021年末，市值分别为485亿元、141亿元。

表6-7　2021年十大熊股

证券代码	证券简称	2021年跌幅（%）
002607.SZ	中公教育	−77.63
600340.SH	华夏幸福	−72.16
600260.SH	ST凯乐	−71.56
600093.SH	*ST易见	−68.66
300064.SZ	*ST金刚	−67.70

续表

证券代码	证券简称	2021年跌幅（%）
300869.SZ	康泰医学	−65.81
300526.SZ	中潜股份	−65.57
300313.SZ	ST天山	−64.69
000526.SZ	学大教育	−63.75
300495.SZ	*ST美尚	−61.95

十大熊股中，ST股仍是重灾区，占据半数，分别为ST凯乐、*ST金刚、*ST易见、ST天山、*ST美尚。值得注意的是，2021年为ST行情大年，Wind ST指数2021年累计上涨56.84%，2021年共有9只ST股涨幅超2倍（见图6-16），翻倍的ST股达23只。

序号	代码	名称	现价	涨跌	振幅	涨跌幅	年初至今
1	603032	*ST德新	80.27	−0.53	3.80%	−0.66%	439.45%
2	002356	*ST赫美	-	0.00	0.00%	0.00%	387.74%
3	000980	*ST众泰	6.35	0.30	0.00%	4.96%	370.37%
4	002147	*ST新光	4.80	0.17	3.67%	3.67%	352.83%
5	600146	*ST环球	3.60	0.17	4.08%	4.96%	249.51%
6	600306	*ST商城	17.40	0.61	5.78%	3.63%	235.91%
7	000707	*ST双环	7.34	0.03	1.78%	0.41%	223.35%
8	600816	ST安信	4.61	0.14	2.46%	3.13%	217.93%
9	000780	ST平能	-	0.00	0.00%	0.00%	203.32%
10	600112	*ST天成	3.48	0.13	8.06%	3.88%	192.44%
11	600241	ST时万	9.39	−0.14	2.94%	−1.47%	191.61%
12	000820	*ST节能	3.39	−0.02	1.47%	−0.59%	189.74%

图6-16 WindST指数2021年上涨幅度较大

2021年收官，A股十大市值股票也重新排位，据Wind显示，新的十大市值股票分别为贵州茅台、工商银行、宁德时代、招商银行、建设银行、农业银行、中国平安、五粮液、中国石油、中国银行。2021年，宁德时代上涨67.55%，总市值从第十升至第三。中国平安下跌40%，总市值从第三降至第七。具体如表6-8所示。

表6-8 2021年十大市值股票

证券代码	证券简称	上市日期	涨幅（%）	年末总市值（亿元）	年初总市值（亿元）	市值变化（亿元）
600519.SH	贵州茅台	2001/8/27	3.57	25752.05	25098.83	653.22
601398.SH	工商银行	2006/10/27	-2.13	15605.41	17128.03	-1522.62
300750.SZ	宁德时代	2018/6/11	67.55	13705.41	8179.02	5526.39
600036.SH	招商银行	2002/4/9	13.65	12321.12	10959.73	1361.39
601939.SH	建设银行	2007/9/25	-1.53	11176.71	12520.59	-1343.88
601288.SH	农业银行	2010/7/15	-0.59	10059.32	10759.01	-699.69
601318.SH	中国平安	2007/3/1	-40.00	8879.80	15377.02	-6497.22
000858.SZ	五粮液	1998/4/27	-22.97	8642.79	11328.47	-2685.68
601857.SH	中国石油	2007/11/5	23.03	8548.97	7145.95	1403.01
601988.SH	中国银行	2006/7/5	2.00	8349.53	8567.41	-217.88

据Wind显示，2021年剔除当年上市新股外，有15只股票市值增长超1000亿元，宁德时代市值大增5526.39亿元，比亚迪市值大增2166.95亿元，盐湖股份市值大增1442.43亿元，这三只股票均属于新能源车产业链。如表6-9所示，为2021年市值增长排名前十的股票。

图 6-9　2021 年市值增长前十股

证券代码	证券简称	上市日期	涨幅（%）	总市值（亿元）	市值增长（亿元）
300750.SZ	宁德时代	2018/6/11	67.55	13705.41	5526.39
002594.SZ	比亚迪	2011/6/30	38.06	7254.73	2166.95
000792.SZ	盐湖股份	1997/9/4	300.34	1922.70	1442.43
601857.SH	中国石油	2007/11/5	23.03	8548.97	1403.01
601919.SH	中远海控	2007/6/26	99.02	2780.75	1396.97
600036.SH	招商银行	2002/4/9	13.65	12321.12	1361.39
601012.SH	隆基股份	2012/4/11	31.19	4665.97	1188.39
600111.SH	北方稀土	1997/9/24	251.10	1663.94	1188.38
300059.SZ	东方财富	2010/3/19	43.88	3835.60	1165.53
688599.SH	天合光能	2020/6/10	244.19	1631.67	1152.92

后　　记

与其说这是一本集中介绍如何对股市行情做技术分析的书，还不如说是一本宣传科学方法论如何重要的书。相信您看过之后，或许会赞同我的这一观点。

我国股市始创于1990年12月19日的上海证券交易所，初始点位是96.05点。开市当天只有包括方正科技在内的7只股票。1992年豫园商城加入后，被人们称其为"老八股"。此后，上证指数从1996年1月的约500点，一直猛涨到1997年5月的约1500点。期间，1996年12月16日新华社播发了《人民日报》特约评论员的文章，主题是关于"正确认识当前股票市场"，目的是给疯狂上涨的股市降温。文章见报后，沪市从1000点跳空105点大跌，跌幅达11%。本人正是在这一时期入市的，故目睹了当时的惨烈场景。

当时在北京大望路附近的一家证券交易所大厅里，人们连续两天半看不到任何一个红盘，全部是跌停板。直到第三天下午才有一只股票出现了卖盘。一个老股民对大伙说，这几天，他每天都是提前1个小时就守候在交易大厅门口，一开门第一个进去操作键盘卖股票，但都没能卖出去，后来才有人告知，按交易规则同一时间大单优先。不过，此后行情的发展还不错。凭感觉，我用约23元的价格买了2000股四川长虹，最后以60元卖出，算是抓到了一只大白马。当时，四川长虹是上证的一杆大旗，最高价曾达到66元，不过很快就一路下跌了。另一杆深市的大旗是深发展，涨得也很凶。

本人第二次入市正赶上了1999年5月19日的那次所谓"519"大涨行情的末期。到2001年6月12日，上证指数从1047点涨到了2245点，在大约两年的时间内，涨幅超过1倍。那次，我买了3只股票，天津磁卡（后更名为渤海化学）、南京高科和另一只忘记名字的北京股。结果，在股市下跌后，3只股票一赔、一赚，加一个不赔不赚，算是打了个平手。

在有了两次操作股票的经历后，我感觉到了技术分析的重要性，于是，我便开始买书看，想认真学习如何炒股。除继续阅读1996年第一次入市后常看的中国最早创刊的专业性期刊《股市动态分析》周刊和《证券市场研究》外，2002年买的第一本书是《股市操作大全》（第二册）。此书的封面上还标注了"中国股市强化训练第一书"的字样。书里谈到了K线、MA移动平均线、趋势线、MACD、量能分析和乖离率等技术分析方法。我除了看杂志，仔细地阅读书中的内容，还时常听电视上的股评，尽管公司里的一些同事对我能在股市上不赔钱还有些佩服，但是仍然感觉自己没有入流。

实际上，我从1985年开始，就和朋友一起研究自然科学的方法论了，并于1989年4月5日，在人民日报（海外版）上发表了题为"科学认识论体系结构雏议"的文章。此后，又在1991年的《社会科学辑刊》发表了"科学方法论概说"一文。

由于感觉到在经济学领域内的知识还显不足，我于是从1992年开始转向阅读经济学方面的书籍，包括国外经济学教材系列、国内高等教育出版社出版的经济学系列书籍、保罗·萨缪尔森的《经济学》以及其他一些经济学和金融学方面的书籍。到2007年，中国教育电视台晚间节目每周一次，开始连续播放李雨青的股市讲座。他在自己写的那本《立体操盘绝技》中，全面细致地介绍了如何通过股指的均线形态判断行情的技术分析方法，获利最高时超 200%。后来，那个讲座又有了重播，本人基本每期必听，并且也会与其书上的内容对照，做笔记。此后才感觉有点入门了。这样，我又陆续买了其他股市技术分析方面的书来读，如《波浪理论新解》《江恩数字与几何学》《看盘中级班》《螺旋规律》和《林园炒股秘籍》等。

经过这一番努力，我发现，其实无论哪一种技术分析手段，只要能真正深入地把握，都能赢得市场。然而，问题是各类分析方法的性质不同，并且有易有难。比如，采用 K 线分析需要熟记 K 线组合，应用波浪理论需要知道如何处理"浪中有浪"以及浪的各种变形等。总体感觉是，这其中最重要的还是数学模型的问题。如果没有数学模型，或模型过于简单，其应用效果自然会差；如果模型过于程式化、复杂化，同样也难于把握。所以，只有取长补短，综合运用，效果才会好很多。

在炒股的经历中，本人一共目睹了四次股市的大起大落。我第三次入市的时间是 2004 年。这次又赶上了上证从 2007 年 10 月 16 日的 6124 点一路大跌至 2008 年 10 月 28 日的 1664 点，跌幅高达约 73%。因为有了一定的技术分析能力，所以当股市上涨到 5500 点左右时，自己便开始将仓位减去了约 70%。不过，当大盘下跌至 3500 点左右时，却又犯了错，增加了部分筹码，导致自己的利润大减。此后，股市继续跌到 1800、1700 左右时，市场议论底部在 1500。不过，本人并不相信，又开始买入青岛海尔（海尔智家）这类绩优股。我对于这次经历的总结是：第一，拿到了一只黑马驰宏锌锗，所以大跌之下仍然能够获利，只不过由约 500% 减少到了 50%；第二，出错后仍然能够做出补救，低位买入青岛海尔；第三，技术分析还没有完全到位，只能算半到位了。

我看到股市的第四次大跌，是上证从 2015 年 6 月 12 日的 5178 点一路下跌至 2018 年末的 2493 点，跌幅达 52%。有文章称：2015 年的大涨是由于 2014 年陆续出台的资金可以借银行和信托通道加杠杆配资、融资融券开通、法人股抵押等操作进场，以上每项措施都给股市带来了几万亿元的流动性。融资融券最高持仓就达到近 2 万亿元，质押盘估计也不低于万亿元，其他信托、银行通道入市的也有几万亿元。2015 年 6 月，第一轮崩盘是去外场配资杠杆，第二轮崩盘是去场内配资（清理伞形信托等），第三轮崩盘是资金做大反弹借机出逃。这次持续的崩盘也是由于去杠杆如关闭信托通道等引发的。其结论是，去杠杆太快是导致股市暴跌的原因。

对于类似的股市大跌，市场上是比较难于从技术分析层面预先有所防备的。本人从技术分析的角度也看到了市场估值处于高位，可能要跌，但出于贪心，还希望再有一次反弹后再减持，然而，市场并没有给出这样的机会。好在自己并没有那些超高市盈率的股票，所以损失一般。这次我得到的一个经验是，白马股一定要长期持有，不能只希望它大涨。例如青岛海尔（海尔智家），我买入的最低价也在七八元左右，但在证券所的交易记录中，我的持仓成本却只有 1.4 元。原因是，该股每年分红，每 10 股送 3 元，再加上股价不断上涨，如此 6 年累积下来，获利超过了 200%。

谈到选股和选时，简单总结这几次炒股的经历，我的经验是选股可按白马、黑马、大盘或行业龙头分类，而选时则需要通过认真刻苦的努力学习，才能掌握精确到位的技术分析能力。不过，说起来容易，做起来难。好在个人对于提高和掌握技术分析能力的兴趣远高于赚钱，并且在选股上算是有点眼光，当然也有运气的成分在内。

总之，学无止境。炒股虽然是一种民间俗称，多少带有些投机的意味，但是其实质就是投资。所以，从价值投资和理性投资的角度出发，为了了解市场，除需掌握必要的技术分析方法之外，多关注些有关宏观经济、产业经济、货币、汇率、股指期货和对冲基金等方面的知识，也是很有必要的。

参考文献

[1] 周林,等.科学家论方法[M].呼和浩特:内蒙古人民出版社,1983.

[2] 黄顺基,等.大动力:科学技术动力论[M].北京:中国人民大学出版社,1990.

[3] 杨力.周易与中医学[M].北京:北京科学技术出版社,1989.

[4] 王玉德,姚伟钧,曾磊光.神秘的八卦[M].南宁:广西人民出版社,1990.

[5] 老子.道德经[M].合肥:安徽人民出版社,1990.

[6] 萨缪尔森,诺德豪斯.经济学[M].12版.高鸿业,等译.北京:中国发展出版社,1992.

[7] 皮亚杰.行为,进化的原动力[M].李文湉,译.北京:商务印书馆,1992.

[8] 黄硕风.综合国力论[M].北京:中国社会科学出版社,1992.

[9] 许晓峰.技术经济学[M].北京:中国发展出版社,1996.

[10] 段治文.中国近代科技文化史论[M].杭州:浙江大学出版社,1996.

[11] 中国人民大学证券研究所.证券与证券市场[M].北京:中国人民大学出版社,1997.

[12] 韦伯.儒教与道教[M].洪天富,译.南京:江苏人民出版社,1997.

［13］乔迪．兰德决策：机遇预测与商业决策［M］．四川联合大学，译．北京：天地出版社，1998．

［14］高键．罗马俱乐部决断力［M］．北京：中国城市出版社，1998．

［15］洪毅，等．经济数学［M］．广州：华南理工大学出版社，1999．

［16］罗龙昌．房地产业宏观管理［M］．北京：经济管理出版社，1999．

［17］张保法．经济计量学［M］．北京：经济科学出版社，2000．

［18］钟茂初．微观经济学［M］．北京：经济管理出版社，2000．

［19］李子奈．计量经济学［M］．北京：高等教育出版社，2000．

［20］弗里德曼．货币数量论研究［M］．瞿强，杜丽群，何瑜，译．北京：中国社会科学出版社，2001．

［21］龙永红．概率论与数理统计［M］．北京：高等教育出版社，2001．

［22］迪博尔德．经济预测［M］．张涛，译．北京：中信出版社，2003．

［23］黄柏中．螺旋规律：股市与汇市的预测［M］．北京：地震出版社，2004．

［24］张保法．经济预测与经济决策［M］．北京：经济科学出版社，2004．

［25］戈登．伟大的博弈：华尔街金融帝国的崛起［M］．祁斌，译．北京：中信出版社，2005．

［26］谢宇．社会学方法与定量研究［M］．北京：社会科学文献出版社，2006．

［27］杨亦乔．房地产开发经营［M］．北京：中国建筑工业出版社，2006．

［28］巴特拉．格林斯潘的骗局［M］．范建军，译．北京：机械工业出版社，2006．

［29］汪祖杰．现代货币金融学［M］．北京：经济科学出版社，2007．

［30］宋鸿兵．货币战争［M］．北京：中信出版社，2007．

［31］李雨青．立体操盘绝技［M］．海口：海南出版社，2007．

［32］尚真．看盘［M］．上海：学林出版社，2007．

[33] 李柏, 斯特拉西. 即将来临的经济崩溃 [M]. 刘伟, 译. 北京: 东方出版社, 2008.

[34] 孙飞, 赵文锴. 金融风暴启示录 [M]. 广州: 新世纪出版社, 2008.

[35] 希夫, 等. 美元大崩溃 [M]. 陈召强, 译. 北京: 中信出版社, 2008.

[36] 中国证券监督管理委员会. 中国资本市场发展报告 [M]. 北京: 中国金融出版社, 2008.

[37] 普朗克. 物理哲学 [M]. 蔡宾年, 王光煦, 译. 北京: 商务印书馆, 2008.

[38] 赫德森. 金融帝国: 美国金融霸权的来源和基础 [M]. 嵇飞, 林小芳, 译. 北京: 中央编译出版社, 2008.

[39] 道尔. 石油战争 [M]. 赵刚, 等译. 北京: 知识产权出版社, 2008.

[40] 廖子光. 金融战争: 中国如何突破美元霸权 [M]. 北京: 中央编译出版社, 2008.

[41] 哈里斯. 伯南克的美联储 [M]. 郭宁, 译. 北京: 中国人民大学出版社, 2009.

[42] 第一财经日报. 拯救全球金融 [M]. 北京: 中信出版社, 2009.

[43] 叶檀. 中国房地产战争 [M]. 太原: 山西出版集团, 2009.

[44] 陈佳贵, 李扬. 2010年中国经济形势分析与预测 [M]. 北京: 社会科学文献出版社, 2009.

[45] 陈志武. 金融的逻辑 [M]. 北京: 国际文化出版公司, 2009.

[46] 唐风. 货币博弈 [M]. 北京: 中国商务出版社, 2009.

[47] 波纳, 维金. 债务帝国 [M]. 李莉, 石继志, 译. 北京: 中信出版社, 2009.

[48] 张键. 房地产理财 [M]. 北京: 中国建筑工业出版社, 2009.

[49] 刘军洛. 被绑架的中国经济 [M]. 北京: 中信出版社, 2010.

[50] 纪录片《华尔街》主创团队. 华尔街 [M]. 北京: 中国商务出版社,

2010.

[51] 何造中.波浪理论新解［M］.广州：广东经济出版社.2010.

[52] 何造中.江恩数字与几何学［M］.北京：机械工业出版社，2010.

[53] 陈佳贵，李扬.2011年中国经济形势分析与预测［M］.北京：社会科学文献出版社.2010.

[54] 李扬，王国刚.中国金融发展报告（2010）［M］.北京：社会科学文献出版社，2010.

[55] 资源问题研究会.世界资源的真相［M］.北京：新世界出版社，2010.

[56] 林木.必要的改革［M］.北京：中信出版社，2014.

[57] 福布斯.货币危机：美联储的货币骗局如何拖垮全球经济［M］.诸葛雯，译.上海：上海交通大学出版社，2015.

[58] 王德培.中国经济［M］.北京：中国友谊出版公司，2016.

[59] 余怀彦.深层美国［M］.北京：中国友谊出版公司，2016.

[60] 股震子.科技创新板块股票投资指南［M］.北京：中国宇航出版社，2020.

[61] Gilbert A, Churchill.Marketing Value for Customers［M］.New York：McGraw-Hill Company，1998.

[62] Alex Miller.Strategic Management［M］.Third Edition.New York：McGraw-Hill Company，1998.